JN074218

公益社団法人全国経理教育協会 主催
文部科学省・日本簿記学会 後援

全経簿記能力検定試験

標準問題集

上級

原価計算・管理会計

奥村雅史［監修］ 高橋 賢・坂口順也［編著］

中央経済社

＜執筆者一覧＞

○原価計算編

氏名	所属	担当
坂口　順也	（関西大学大学院教授）	1，10～15，20，21，26，28
中村　彰良	（高崎経済大学教授）	2～4
望月　恒男	（愛知大学教授）	5，6，18，19
望月　信幸	（熊本県立大学教授）	7～9，25
渡邊　章好	（東京経済大学教授）	16，17
高橋　　賢	（横浜国立大学大学院教授）	22，23，27
奥村　雅史	（早稲田大学教授）	24

○管理会計編

氏名	所属	担当
高橋　　賢	（横浜国立大学大学院教授）	1～5，10，11，25，28
上山　晋平	（文教大学専任講師）	6～9，26
中村　彰良	（高崎経済大学教授）	12～14
奥村　雅史	（早稲田大学教授）	15～19，27
大西　　靖	（関西大学大学院教授）	20，23，24
河合　隆治	（同志社大学教授）	21，22

監修者序

公益社団法人全国経理教育協会簿記能力検定試験制度は1956年10月に開始され，受験者数も累計で1,243万人の受験実績を持つ伝統ある検定試験であるが，2024年には，受験生と指導者に便宜を図ることを目的として，試験科目名の変更とネット試験（CBT）の導入が行われることになった。

科目名の変更は，ビジネスの発展及び学問の進歩に合わせて変化してきた出題内容と従来の試験科目名とが合わなくなっていたことを原因としており，上級及び１級の科目名「工業簿記・原価計算」については「原価計算・管理会計」に変更されることとなった。これにより出題内容と科目名が適切に対応するため，受験生と指導者にとってわかりやすい名称となったと思われる。なお，出題内容が先行して変化してきたことを後追いする形で科目名が変更されたため，今回の科目名の変更自体が出題内容に影響することはないといえる。

ネット試験の導入も，もっぱら受験生と指導者の利便性を高めることを目的としている。受験生にとっては受験機会が増加する点，指導者には，指導の成果（学生の習熟度）を確認する機会が常にあるという点で利便性が向上し，結果として，簿記能力検定試験の教育上の効果が一層高められることが期待される。

本問題集シリーズもやはり，受験生と指導者の便宜を図ることを目的としている。これまで，検定試験の準備は，各教育機関における教育を前提に，その教材に関しては各教育機関に任されており，検定試験受験のために標準となるものがほとんどない状況である。そこで，その不足を補うという目的をもって企画されたのが本問題集シリーズである。

この問題集が，受験生やその指導者など多くの関係者の簿記学習と指導にとって役立つことを期待するしだいである。

監修者　**奥村　雅史**

編著者はじめに

全国経理教育協会の簿記能力検定試験上級は，基礎的な概念を積み重ねた上での応用力を問う問題が出題されている。山張りや一点豪華主義といった‘付け焼き刃式’の勉強法では決して合格できない。逆にいうと，基礎から積み上げげて学習していけば合格することができる検定である。本問題集のねらいは，検定試験で要求される基礎力と，それを基にした応用力を養成することである。

原価計算・管理会計を習得するコツは，理屈を理解することと計算の反復練習を行うことである。この両輪によって，原価計算・管理会計に対する能力は飛躍的に向上する。原価計算・管理会計の学習というと単に公式や解き方を丸暗記することととらえられがちであるが，それだけでは単純な計算を解くことはできても，応用的な問題を解くことはできない。なぜそういう公式になっているのか，なぜそういう計算をするのか，その計算を行う経営管理上の目的やねらいは何か，といった理屈を理解して初めて応用的な問題も解けるようになる。とくに，管理会計については，財務会計のように従うべき会計基準やルールが明確ではないため，学習しづらいと感じる受験者も少なからずいることだろう。管理会計の主要な機能は，経営管理者に対しての経営管理に役立つ情報の提供である。その情報に価値があるかどうかの判断基準は，経営管理に役立つかどうか，ということである。したがって，管理会計の問題を見た際には，これはどのような経営管理者の要求にどのように応えようとしているのか，ということを考えてほしい。このように理屈を理解した上で，計算の反復練習をすることが肝要である。

本書は原価計算編と管理会計編から構成されている。それぞれ，ユニット１からユニット24までが各論，ユニット25，ユニット26，そしてユニット27が総合問題となっている。そしてユニット28が模擬試験問題となっている。

１から24までの各ユニットにはSummaryがあるので，まずはここをよく読んで各ユニットで必要となる基礎的な概念や技法を理解してほしい。

そして各ユニットの問題を繰り返し解くことで，必要な計算力が身につく。問題を解く際には，何を問うているのかという問題の意図に常に注意しながら解いてほしい。本番の検定試験では，この意図を取り損ねて正解にたどり着けないという場合があるので，とくに注意されたい。問題を解いたら，解答と解説をよく読み，間違ってしまった場合にはどこをどのように間違えたのかを確認しながら学習すると効果的である。ユニット１からユニット24までを繰り返し解いて，問題を見ただけで反射的に解法が浮かぶようになれば，合格に一歩近づいたといえるだろう。

原価計算編・管理会計編ともにユニット25，ユニット26，そしてユニット27は複数のユニットの論点が含まれている総合問題である。本番の検定試験ではこのような形で出題されることが多いので，応用力が身についたかどうかはこれらの問題を解くことで確認することができる。これらの問題が解けない場合は，それぞれのユニットに立ち返り，各論点の確認を行ってほしい。

ユニット28は模擬試験問題である。分量と難易度について，本番の検定試験を模した問題である。検定の本番では，原価計算・管理会計合わせて試験時間は90分である。本番の練習として，原価計算・管理会計のユニット28をそれぞれ45分間で解いてみるとよいだろう。

なお，本書の問題に対応した解答用紙はWeb上（中央経済社ビジネスオンライン：https://www.biz-book.jp/）にあるので，各自ダウンロードして実際に答案を作成するつもりで書き込んでいただきたい。これも試験合格のためのひとつの練習である。

また，本書と共に上級試験の公式テキストである全国経理教育協会編『全経簿記上級　原価計算・管理会計テキスト（第４版）』（中央経済社）を併用すると，より一層学習効果が高まるので，ぜひ活用していただきたい。

繰り返しになるが，原価計算・管理会計の習得のコツは，理屈の理解と反復練習である。本書を活用することで一人でも多くの人が上級検定試験に合格することを編著者一同願っている。

編著者　**高橋　賢・坂口　順也**

全経簿記能力検定試験の概要と
上級原価計算・管理会計の出題基準等

1．検定試験の概要

① 受験資格を制限しない（男女の別，年齢，学歴，国籍等の制限なく誰でも受けられる）。

② ペーパー試験は年間４回行い，その日時及び場所は施行のつどこれを定める（ただし上級の試験は毎年２回とする）。ネット試験（当面，２・３級）は随時受験可能。

③ 各級の科目及び制限時間は以下のとおり。

級	科目	制限時間
上級	商業簿記／財務会計	１時間30分
	原価計算／管理会計	１時間30分
１級	商業簿記・財務会計	１時間30分
	原価計算・管理会計	１時間30分
２級	商業簿記	１時間30分
	工業簿記	１時間30分
３級	商業簿記	１時間30分
基礎簿記会計		１時間30分

④ 検定試験は各級とも１科目100点を満点とし，全科目得点70点以上を合格とする。ただし，上級は各科目の得点が40点以上で全４科目の合計得点が280点以上を合格とする。

⑤ １級の商業簿記・財務会計と原価計算・管理会計，２級の商業簿記と工業簿記はそれぞれ単独の受験が可能である。

⑥ その他試験の詳細は主催者である公益社団法人 全国経理教育協会のホームページ（https://www.zenkei.or.jp/exam/bookkeeping）を参照いただきたい。

2．「上級原価計算・管理会計」の出題基準と標準勘定科目

・出題理念および合格者の能力

製造・販売過程に係る原価の理論を理解したうえで，経理担当者ないし公認会計士を含む会計専門職を目指す者として，原価に関わる簿記を行い，

損益計算書と貸借対照表が作成できる。また，製造・販売過程の責任者ないし上級管理者として，意思決定ならびに業績評価のための会計を運用できる。

・標準勘定科目

上級（商業簿記・財務会計・原価計算・管理会計）で使用する勘定科目は，問題文に指示がある場合を除き，関係する法令及び公表されている基準，意見書，適用指針，実務対応報告，国際会計基準等にもとづき一般に妥当と認められているものとする。

目次

全経簿記能力検定試験 標準問題集 級

原価計算・管理会計

○原価計算編

01 原価計算の基礎 …… 2
02 材料費会計（予定価格の適用など） …… 6
03 労務費会計（予定賃率の適用など） …… 10
04 経費会計（外注加工賃など） …… 14
05 製造間接費会計１（固定予算と公式法変動予算） …… 18
06 製造間接費会計２（実査法変動予算） …… 22
07 部門別原価計算１（直接配賦法と相互配賦法） …… 26
08 部門別原価計算２（階梯式配賦法） …… 30
09 個別原価計算（原価計算表） …… 34
10 総合原価計算１（純粋先入先出法） …… 38
11 総合原価計算２（非度外視法・定点発生） …… 42
12 総合原価計算３（非度外視法・平均的発生） …… 46
13 総合原価計算４（非度外視法・安定的発生） …… 50
14 工程別総合原価計算１（累加法と非累加法） …… 54
15 工程別総合原価計算２（加工費法） …… 58
16 組別・等級別総合原価計算 …… 62
17 連産品と副産物 …… 66
18 標準原価計算１（標準原価計算の特徴） …… 70
19 標準原価計算２（原価差異の分析） …… 74
20 標準原価計算３（減損・仕損がある場合） …… 78
21 標準原価計算４（配合差異と歩留差異） …… 82
22 直接原価計算１（直接原価計算方式の損益計算書） …… 86
23 直接原価計算２（固定費調整） …… 90
24 工場会計の独立 …… 94
25 総合問題１（部門別個別原価計算） …… 98
26 総合問題２（総合原価計算） …… 102
27 総合問題３（直接標準原価計算） …… 106

28 模擬試験問題 …… 110

○管理会計編

01 管理会計の基礎 …… 120
02 短期利益計画１（原価分解） …… 124
03 短期利益計画２（損益分岐分析） …… 128
04 短期利益計画３（安全性の指標） …… 132
05 短期利益計画４（製品の最適組み合わせとLP） …… 136
06 予算管理１（予算管理の特徴・理論） …… 140
07 予算管理２（予算F/Sの作成） …… 144
08 予算管理３（予算差異分析） …… 148
09 予算管理４（市場占有率差異と市場総需要量差異） …… 152
10 分権組織の管理会計１（管理可能性と追跡可能性・理論） …… 156
11 分権組織の管理会計２（ROIとRI） …… 160
12 意思決定会計（原価の概念・理論） …… 164
13 業務的意思決定１（自製・購入の意思決定） …… 168
14 業務的意思決定２（追加加工の意思決定） …… 172
15 構造的意思決定１（時間価値） …… 176
16 構造的意思決定２（キャッシュ・フローの計算） …… 180
17 構造的意思決定３（資本コスト） …… 184
18 構造的意思決定４（回収期間と正味現在価値） …… 188
19 構造的意思決定５（会計的利益率と内部収益率） …… 192
20 ABC …… 196
21 BSC …… 200
22 原価企画（概要と特徴・理論） …… 204
23 品質原価計算（品質原価の分類） …… 208
24 マテリアルフローコスト会計 …… 212
25 総合問題１（短期利益計画） …… 216
26 総合問題２（予算管理） …… 220
27 総合問題３（改良投資） …… 225
28 模擬試験問題 …… 232

原価計算編

- 解答する際は，中央経済社・ビジネス専門書オンライン（biz-book.jp）から解答用紙をダウンロードして，実際に書き込みましょう。

- 原価計算をマスターするコツは，用語の定義を正確におさえた上で，問題を「繰り返し解く」ことです。問題を見たらすぐに解答が思い浮かぶくらいになるまで繰り返し解きましょう。

- 計算ミスの多くは，問題の意図を理解できていないことが原因です。問題を解く際は，何が問われているかをしっかり考えて解きましょう。

学習の記録 ／ ／ ／

01 原価計算の基礎

Summary

1 原価計算は，特定の目的のもとに実施される。『原価計算基準』1によれば，原価計算の目的には次の5つがあげられる。すなわち，財務諸表作成目的，価格計算目的，原価管理目的，予算管理目的，および，経営基本計画設定目的である。

2 原価計算は，実施方法に応じて次の2つに区分される。1つは，財務諸表作成目的や原価管理目的等を達成するために毎期継続的に実施されるものである。これを原価計算制度という。本書でとりあげる原価計算は，おもに原価計算制度にあたる。こうした原価計算制度は，実際原価計算制度と標準原価計算制度に分類される。もう1つは，経営基本計画設定目的等を達成するために必要に応じて実施されるものである。これを特殊原価調査という。

3 『原価計算基準』3によれば，原価計算制度における原価とは，一定の給付にかかわらせて把握された財貨または用役の消費を貨幣価値的に表したものである。また，『原価計算基準』4によれば，原価計算制度における原価は，（1）実際原価と標準原価，（2）製品原価と期間原価，（3）全部原価と部分原価に区分される。なお，原価計算制度における原価に含まれない項目を非原価項目という。

4 本書の多くの部分は実際原価計算制度に該当する。『原価計算基準』7によれば，実際原価計算制度において，製造原価は，まず費目別計算を実施し，次に部門別計算を実施し，最後に製品別計算を実施するというプロセスを経る。なお，費目別計算では，原価の形態別分類を基礎に，製品との関連における分類や機能別分類を加味して，製造原価が分類される。

□□ **問題**

以下の<資料>にもとづいて，（1）から（6）に答えなさい。

<資料>

1．原価計算の目的について

原価計算の目的としては，次の5つがあげられる。すなわち，（1）一定期間の損益や期末における財政状態を財務諸表に表示するための（　ア　）の原価を集計すること，（2）（　イ　）計算に必要な原価資料を提供すること，（3）（　ウ　）管理に必要な原価資料を提供すること，（4）（　エ　）の編成や統制に必要な原価資料を提供すること，（5）経営の基本（　オ　）を設定するために必要な原価情報を提供することである。

2．原価計算制度について

原価計算は，原価計算制度と特殊原価（　ア　）に区分される。ここで，原価計算制度とは，財務諸表の作成，原価管理，予算統制等の目的が相ともに達成されるべき一定の計算秩序であり，（　イ　）会計機構と（　ウ　）的に結びつき常時継続的に行われる計算体系である。その意味で，原価計算制度は原価（　エ　）であるといえる。また，原価計算制度は，計算される原価の種類に応じて，実際原価計算制度と標準原価計算制度に分類される。他方，特殊原価（　ア　）とは，経営基本計画や予算編成における（　オ　）的事項の決定に必要な特殊原価を調査測定することである。

3．原価計算制度における原価について

原価計算制度における原価とは，経営における一定の（　ア　）にかかわらせて把握された財貨または用役の消費を（　イ　）価値的に表したものといわれている。また，その特徴として，（1）原価は経済価値の（　ウ　）であること，（2）経営において作り出された一定の（　ア　）に転嫁される価値であること，（3）（　エ　）目的に関連したものであること，（4）（　オ　）的なものであることがあげられる。

4．実際原価計算制度の基礎について

実際原価計算制度での製造原価は，原則として次の３つの手続きを経て集計される。第１は，原価要素を（　ア　）別に分類集計する手続きであり，これを（　ア　）別計算という。第２は，原価要素を原価（　イ　）別に分類集計する手続きであり，これを（　イ　）別計算という。第３は，原価要素を一定の（　ウ　）単位に集計する手続きをいい，これを（　ウ　）別計算という。なお，（　ア　）別計算において，製造原価は，原則として形態別分類を基礎とし，これを直接費と（　エ　）費に大別し，必要に応じて（　オ　）別分類を加味して分類される。

（1）　資料１の空欄（　ア　）から（　オ　）に適語を当てはめなさい。
（2）　資料２の空欄（　ア　）から（　オ　）に適語を当てはめなさい。
（3）　資料３の空欄（　ア　）から（　オ　）に適語を当てはめなさい。
（4）　資料４の空欄（　ア　）から（　オ　）に適語を当てはめなさい。
（5）　次の製造原価要素の分類について，その意味を述べるとともに，代表的な例をあげなさい。

・形態別分類
・機能別分類
・製品との関連における分類
・操業度との関連における分類
・原価の管理可能性に基づく分類

（6）　実際原価計算制度で利用される実際原価の基礎となる価格と消費量について説明しなさい。

解答・解説

（1） ア＝真実　イ＝価格　ウ＝原価　エ＝予算　オ＝計画
（2） ア＝調査　イ＝財務　ウ＝有機　エ＝会計　オ＝選択
（3） ア＝給付　イ＝貨幣　ウ＝消費　エ＝経営　オ＝正常
（4） ア＝費目　イ＝部門　ウ＝製品　エ＝間接　オ＝機能
（5）

・形態別分類：財務会計における費用の発生を基礎とする分類である。これにより，製造原価要素は，素材費，買入部品費等の材料費，賃金，給料等の労務費，減価償却費等の経費に分類される。
・機能別分類：原価が経営上のいかなる機能のために発生したかによる分類である。これにより，製造原価要素は，主要材料費，補助材料費，および，作業種類別直接賃金，間接作業賃金，手待賃金等に分類される。
・製品との関連における分類：製品に対する原価発生の態様による分類である。これにより，製造原価要素は，直接費と間接費に分類される。
・操業度との関連における分類：操業度の増減に対する原価発生の態様による分類である。これにより，製造原価要素は，変動費，固定費，準変動費，準固定費に分類される。
・原価の管理可能性に基づく分類：原価の発生が一定の管理者層によって管理しうるかどうかによる分類である。これにより，製造原価要素は，管理可能費と管理不能費に分類される。

（6） 実際原価は，厳密には，実際の取得価格と実際消費量を基礎として計算したものである。ただし，実際消費量を基礎とする限り，予定価格等を用いたものも実際原価に含まれる。

学習の記録  

02 材料費会計（予定価格の適用など）

Summary

1 材料費とは，材料等の物品の消費により発生する原価である。

2 材料の取得原価は，購入代価に付随的な費用（材料副費）を足したものである。

3 材料外部副費（引取費用）は，必ず取得原価に含めるが，材料内部副費（材料取扱費）は，一部を取得原価に含めない場合や，まったく含めない場合もある。

4 材料副費を取得原価に加算する場合，予定配賦率を用いて計算することもある。

5 予定配賦率を用いた場合，実際の材料副費発生額との差が材料副費配賦差異となる。

6 材料費は，基本的に，材料の単価と消費数量とをかけ合わせて計算する。

7 実際の材料の単価を求める方法として，先入先出法や移動平均法等がある。

8 材料の単価については，予定価格が用いられることもある。

9 材料費を予定価格によって計算した場合，実際の単価で計算した金額との差が材料消費価格差異となる。

10 材料の消費数量を把握する方法として，継続記録法と棚卸計算法がある。

11 棚卸計算法を用いた場合，棚卸減耗を把握することができない。

12 正常な棚卸減耗費は，製造間接費に含められることになる。

□□ **問題1** 製品の生産に必要なＡ材料，Ｂ材料について，すべての材料副費を購入数量基準で予定配賦する場合，当月の各材料の取得原価と材料副費配賦差異を，以下の<資料>にもとづいて計算しなさい。なお，有利差異の場合は（F），不利差異の場合は（U）を付すこと。

<資料>

1．年間予算資料

予定購入数量

Ａ材料	Ｂ材料
32,000kg	18,000kg

材料副費年間予算額

引取費用	検収費
350,000円	100,000円

2．当月資料

送状価額と購入数量

	Ａ材料	Ｂ材料
送状価額	540,000円	430,000円
購入数量	2,700kg	1,500kg

材料副費実際発生額

引取費用	検収費
30,000円	10,000円

□□ **問題2** 製品の生産に必要なＡ材料について，材料勘定に実際購入原価で受け入れの記入をしている（すべて掛で購入）。以下の<資料>にもとづいて，材料勘定の記入をしなさい。ただし，棚卸減耗は正常なものとする。

<資料>

1．Ａ材料について，予定価格@350円で消費金額を計算している。

2．Ａ材料の月初在庫と当月購入高

	数量	実際単価
月初棚卸高	1,200kg	@345円
当月購入高	9,800kg	@358円

3．当月の製造指図書別の実際出庫量

No. 201	No. 202	No. 203
2,300kg	2,800kg	3,700kg

4．価格は先入先出法で計算している。月末の実地棚卸数量は，2,100kg であった。

解答・解説

問題 1

取得原価

Ａ材料　564,300円

Ｂ材料　443,500円

材料副費配賦差異　2,200円（U）

材料副費の予定配賦率は，年間予算の資料から次のように計算される。

$$材料副費配賦率=\frac{350,000円+100,000円}{32,000kg+18,000kg}=9円/kg$$

Ａ材料，Ｂ材料の取得原価は，次のように計算される。

Ａ材料の取得原価＝540,000円＋９円／kg×2,700kg＝564,300円

Ｂ材料の取得原価＝430,000円＋９円／kg×1,500kg＝443,500円

材料副費配賦差異は，次のように計算される。

材料副費配賦差異＝9円／kg×(2,700kg＋1,500kg)
－(30,000円＋10,000円)＝△2,200円

問題 2

材料

前月繰越	414,000	仕掛品	3,080,000
買掛金	3,508,400	製造間接費	35,800
		材料消費価格差異	54,800
		次月繰越	751,800
	3,922,400		3,922,400

材料勘定の記入は以下のとおり。

前月繰越＝1,200kg×345円／kg＝414,000円
買掛金＝9,800kg×358円／kg＝3,508,400円
仕掛品＝(2,300kg＋2,800kg＋3,700kg)×350円／kg＝3,080,00円

棚卸減耗数量＝(1,200kg＋9,800kg)－(2,300kg＋2,800kg＋3,700kg)
－2,100kg＝100kgなので
製造間接費（棚卸減耗費)＝100kg×358円／kg＝35,800円

先入先出法で実際の材料費を計算すると
414,000円＋(2,300kg＋2,800kg＋3,700kg－1,200kg)×358円／kg
＝3,134,800円
材料消費価格差異＝3,080,000円－3,134,800円＝△54,800円

次月繰越＝2,100kg×358円／kg＝751,800円

学習の記録 ／ ／ ／

03 労務費会計（予定賃率の適用など）

Summary

1 労務費とは，労働用役の消費によって発生する原価である。

2 直接労務費となるのは，直接工が製品の加工等の直接作業に従事した時間に対応する労務費である。

3 直接工に支払われる賃金でも，間接作業に従事した時間や手待時間に対応するものは，間接労務費となる。

4 手待時間とは，工員の責任ではない何らかの原因で作業ができない時間のことである。

5 3以外で間接労務費となるものには，間接工賃金，給料，従業員賞与手当，退職給付引当金繰入額，福利費等がある。

6 間接工賃金の消費額は，通常，原価計算期間の要支払額とする。

要支払額＝当月支払額＋当月未払額－先月未払額

7 直接工の消費賃金は，消費賃率と作業時間をかけて計算する。

直接工の消費賃金＝消費賃率×作業時間

8 7の作業時間に直接作業時間を入れて計算すると，直接労務費となる。

9 7の作業時間に間接作業時間および手待時間を入れて計算した分は，間接労務費に含められる。

10 7の消費賃率については，予定賃率が用いられることもある。

11 予定賃率を用いて消費賃金を計算した場合，原価計算期間の要支払額との差が賃率差異となる。

□□ **問題1** 直接工しかいない工場における次の当月の<資料>にもとづいて，賃金勘定の記入をしなさい。

<資料>

1．労務費の計算に使う予定賃率は，900円／時間である。

2．当月の製造指図書別の直接作業時間

No. 201	No. 202	No. 203
120時間	150時間	200時間

3．間接作業時間が80時間あった。手待時間はなかった。

4．当月の賃金支給総額は500,000円であった。

5．当月に支給した賃金の計算で考慮された期間後の作業時間は180時間であった。

6．先月末の未払賃金は160,000円であった。

7．当月末の未払賃金は，予定賃率で計算する。

□□ **問題2** 当月の間接工賃金とその他の労務費に関する<資料>は以下のとおりであった。この場合，当月の間接労務費はいくらになるか計算しなさい。ただし，直接工は，当月，直接作業のみに従事した。また，間接作業時間や手待時間はなかった。

<資料>

1．間接工賃金

給与支給帳から

賃金支給総額	305,000円
所得税等	15,000円
社会保険料	20,000円
差引現金支給額	270,000円

先月末の未払賃金は85,000円であり，当月末の未払賃金は90,000円だった。

2．その他の労務費

社会保険料の当月分は120,000円だった。うち従業員負担分は60,000円だった。

解答・解説

問題 1

賃　金

諸　口	500,000	未払賃金	160,000
未払賃金	162,000	仕掛品	423,000
		製造間接費	72,000
		賃率差異	7,000
	662,000		662,000

当月の賃金支給総額については，所得税や社会保険料の預り金も含まれると考えられるので，諸口になる。また，先月末の未払賃金は資料で与えられている。そのほかの部分は，それぞれ次のように計算する。

当月末未払賃金＝180時間×900円／時間＝162,000円
仕掛品＝(120時間＋150時間＋200時間)×900円／時間
　　＝423,000円
製造間接費＝80時間×900円／時間＝72,000円

当月の要支払額は502,000円（500,000円＋162,000円－160,000円）であるので，賃率差異は次のようになる。

賃率差異
＝(120時間＋150時間＋200時間＋80時間)×900円／時間
　－502,000円＝△7,000円

問題 2

間接労務費　370,000円

間接工賃金の要支払額は次のように計算される。

要支払額＝305,000円＋90,000円－85,000円＝310,000円

納付した社会保険料のうち法定福利費となるものは次のように計算される。

法定福利費＝120,000円－60,000円＝60,000円

直接工の間接作業時間等はないので，間接工賃金の要支払額と法定福利費を足したものが間接労務費となる。

間接労務費＝310,000円＋60,000円＝370,000円

参考として，直接工のみを対象とする **問題 1** と，間接工その他を対象とする **問題 2** のうち間接工賃金の部分を合わせた場合，すなわち，直接工と間接工の両方を対象とする場合（その他の労務費は除く），賃金勘定は次のようになることを示しておく。

賃　　金

諸　口	805,000	未払賃金	245,000
未払賃金	252,000	仕掛品	423,000
		製造間接費	382,000
		賃率差異	7,000
	1,057,000		1,057,000

学習の記録 ／ ／ ／

04 経費会計（外注加工賃など）

Summary

1 経費とは，物品および労働用役以外のものの消費により発生する原価である。

2 外注加工賃等の直接経費は，製品に直課されるので，発生した場合，仕掛品勘定に振り替えられる。

3 減価償却費のような間接経費は，他の間接費と一緒に一旦製造間接費に振り替えられ，次に製品に配賦される。

4 原価計算期間の発生額の計算方法によって，支払経費，月割経費，測定経費，発生経費の4つに分けることがある。

5 支払経費は，その支払額を経費の発生額とするものである（旅費交通費，通信費等）。

6 月割経費は，年間の金額等を月割して発生額を把握するものである（減価償却費，保険料等）。

7 測定経費は，消費額を測定して発生額を把握するものである（電力料，水道料等）。

8 発生経費は，実際の発生額を，その期間の負担額とするものである（棚卸減耗費等）。

9 間接経費として，複合費が設定されることがある。

10 複合費とは，形態別には異なった原価を，特定の機能のために消費されたということによって1つの費目にまとめたものである。修繕費，動力費等がこれに該当する。

11 複合費は間接経費ということになるが，材料費の一部等（修繕のための材料等）も含められることになる。

□□ **問題 1** 次の取引の仕訳を示しなさい。ただし使用する勘定科目は次の中から選択すること。

使用できる勘定科目
材料，部品，仕掛品，外注加工賃，買掛金，未払金

（1） 製造指図書No. 201の製品を製造するために材料120,000円分を出庫して，外注先に加工を依頼した。

（2） 上記（1）の加工が終了し，外注先より加工品を受け入れた。加工賃は30,000円で，月末に支払う予定である。また加工品は，自社でさらに加工するため現場に引き渡された。

□□ **問題 2** 次の当月における工場関連の＜資料＞にもとづいて，間接経費の当月の発生額を計算しなさい。

＜資料＞
支払経費
旅費交通費　　当月支払額　85,000円
測定経費
電力料　　当月支払額　180,000円　当月測定額　175,000円
月割経費
減価償却費　　年間　1,560,000円
保険料　　年間　600,000円
発生経費
材料の帳簿棚卸高は3,200,000円で，実地棚卸高は3,170,000円であった。棚卸減耗は正常なものと考えられる。

□□ **問題3** 以下の<資料>にもとづいて，複合費とした場合の当月の修繕費の発生額を計算しなさい。

<資料>

1．当月の修繕のために消費した材料23kg（単価：850円／kg）
2．当月の修繕のための作業時間30時間（賃率：1,050円／時間）
3．修繕料の当月支払額は38,000円，前月末未払額は8,000円，当月末未払額は9,000円である。
4．修繕に使う設備の減価償却費：年間180,000円

解答・解説

問題1

（1）

（単位：円）

借方科目	金額	貸方科目	金額
仕　掛　品	120,000	材　　料	120,000

（2）

（単位：円）

借方科目	金額	貸方科目	金額
外注加工賃	30,000	買　掛　金	30,000
仕　掛　品	30,000	外注加工賃	30,000

外注加工賃についての債務は，買掛金になる。（2）については，次のように仕訳してもよい。

（単位：円）

借方科目	金額	貸方科目	金額
仕　掛　品	30,000	買　掛　金	30,000

問題 2

間接経費発生額　470,000円

旅費交通費については，当月支払額85,000円を当月の経費発生額とする。

電力料については，当月測定額175,000円を当月の経費発生額とする。

減価償却費については，年間の発生額を月割して当月の経費発生額を計算する。

1,560,000円÷12＝130,000円

保険料についても，年間の発生額を月割して当月の経費発生額を計算する。

600,000円÷12＝50,000円

棚卸減耗費については，発生額を次のように計算する。

3,200,000円－3,170,000円＝30,000円

間接経費の当月の発生額は，これらを合計して次のように計算される。

85,000円＋175,000円＋130,000円＋50,000円＋30,000円＝470,000円

問題 3

修繕費発生額　105,050円

修繕のための材料費は次のように計算される。

23kg×850円／kg＝19,550円

修繕のための労務費は次のように計算される。

30時間×1,050円／時間＝31,500円

修繕料の当月要支払額は次のように計算される。

38,000円＋9,000円－8,000円＝39,000円

減価償却費については，年間の発生額を月割して当月の発生額を計算する。

180,000円÷12＝15,000円

修繕費の当月の発生額は，これらを合計して次のように計算される。

19,550円＋31,500円＋39,000円＋15,000円＝105,050円

学習の記録 ／ ／ ／

05 製造間接費会計 1（固定予算と公式法変動予算）

Summary

1 製造間接費の配賦方法は，実際配賦法と予定配賦法の 2 つがある。これらの違いは，製造間接費の配賦率に実際配賦率を用いるか予定配賦率（正常配賦率）を用いるかによるものである。

（ア） 実際配賦法

実際配賦額＝各製造指図書の実際配賦基準数×実際配賦率

$$\text{実際配賦率}=\frac{\text{一定期間の実際製造間接費総額}}{\text{同期間の実際配賦基準総数（実際操業度）}}$$

（イ） 予定配賦法

予定配賦額＝各製造指図書の実際配賦基準数×予定配賦率

$$\text{予定配賦率}=\frac{\text{一定期間の予定製造間接費総額}}{\text{同期間の予定配賦基準総数}}$$

2 製造間接費の予定配賦率算定にあたって部門別に設定される予算には，固定予算と変動予算がある。通常，製造間接費は，予算と実際発生額を比較することによって管理される。

（ア） 固定予算

予算期間において予期される一定の操業度に基づいて設定される予算である。

（イ） 変動予算（公式法変動予算）

予算期間において予期される範囲内の種々の操業度に対応して設定される予算である。予算額と実際額を同一の操業度で比較するので，原価管理に有用である。なお，公式法による変動予算は，製造間接費を固定費と変動費に分解する。

3 製造間接費配賦差異は，製造間接費の実際発生額と予定配賦額との差額である（これを総差異という）。さらに，各月の製造間接費配賦差異は予算差異と操業度差異とに分析される。

総差異＝予定配賦額－実際発生額
予算差異＝予算許容額－実際発生額
操業度差異＝予定配賦額－予算許容額

□□ **問題** 以下の＜資料＞にもとづいて，（1）から（4）に答えなさい。なお，有利差異の場合は（F），不利差異の場合は（U）を付すこと。

＜資料＞

1．基準操業度（直接作業時間）……2,000時間（月間）

2．基準操業度における製造間接費予算額（月額）……280,000円

3．固定費予算額（月額）……170,000円

4．当月の実際作業時間……1,920時間

5．当月の製造間接費実際発生額……282,000円

（1） 当月の変動費率を求めなさい。

（2） 固定予算を採用している場合の差異分析を行いなさい。

（3） 公式法変動予算を採用している場合の差異分析を行いなさい。

（4） 固定予算と公式法変動予算の各々の特徴について説明しなさい。

解答・解説

（1） 変動費率＝(280,000円－170,000円)÷2,000時間＝55円／時間

（2） 製造間接費配賦差異　13,200円（U）

予算差異　2,000円（U）

操業度差異　11,200円（U）

＜固定予算を採用している場合＞

予定配賦率＝280,000円÷2,000時間＝140円／時間

予定配賦額＝140円／時間×1,920時間＝268,800円

製造間接費配賦差異＝268,800円－282,000円＝△13,200円

予算差異＝280,000円－282,000円＝△2,000円

操業度差異＝268,800円－280,000円＝△11,200円

＝140円／時間×(1,920時間－2,000時間)

＝△11,200円

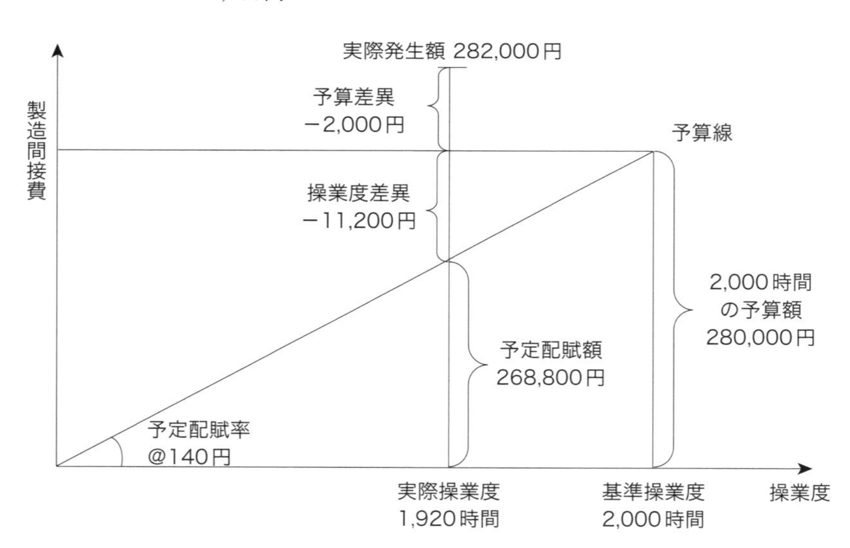

（3） 製造間接費配賦差異　13,200円（U）

予算差異　6,400円（U）

操業度差異　6,800円（U）

<公式法変動予算を採用している場合>

製造間接費配賦差異＝△13,200円

予算許容額＝1,920時間×55円／時間＋170,000円＝275,600円

固定費率＝170,000円÷2,000時間＝85円／時間

予算差異＝275,600円－282,000円＝△6,400円

操業度差異＝268,800円－275,600円＝△6,800円

＝85円／時間×(1,920時間－2,000時間)＝△6,800円

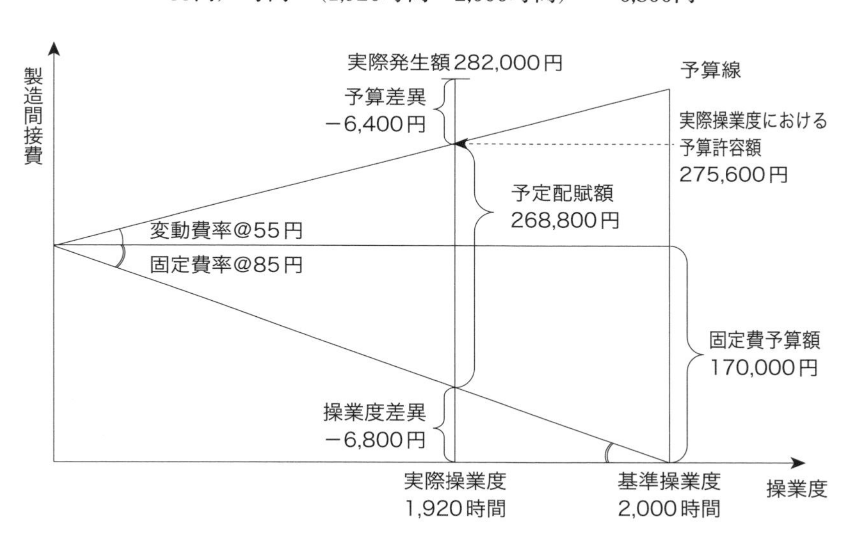

(4)　固定予算は，予算期間において予期される一定の操業度に基づき設定される予算である。この予算は，実際操業度が基準操業度とほぼ等しい場合や製造間接費のほとんどが固定費である場合を除けば，原価管理を行うための予算設定方法としてそれほど有用ではない。

一方，公式法変動予算は，製造間接費を固定費と変動費に分け，予算期間において予期される範囲内の種々の操業度に対応して設定される予算である。これは，実際操業度に対応する予算許容額と実際発生額とを比較することができるため，原価管理にとって有用である。

学習の記録 ／ ／ ／

06 製造間接費会計２（実査法変動予算）

Summary

1 変動予算には，**05** 製造間接費会計１で説明した公式法変動予算のほかに実査法変動予算がある。

2 公式法変動予算とは，製造間接費を固定費と変動費に分解し，固定費額と変動費率を算定しておき，これらを利用して各操業度水準に対応する予算額を算定する方法をいう。これに対して，実査法変動予算とは，一定の基準となる操業度（基準操業度）を中心に予期される範囲内の操業度を一定間隔で設定し，費目別に実査して各操業度水準に対応する予算額をあらかじめ設定しておく方法であり，多桁式変動予算とも呼ばれる。

3 変動予算における基準操業度は，固定予算算定の基礎となる。

□□ **問題** 以下の＜資料＞にもとづいて，（1）から（3）に答えなさい。なお，有利差異の場合は（F），不利差異の場合は（U）を付すこと。

＜資料＞

1．当年度における基準操業度は24,000時間であり，製造間接費予算として実査法変動予算を採用している。

2．当月の生産データ

当月投入量	7,592個	
月末仕掛品	456個	（0.25）
当月完成品	7,136個	

（注） カッコ内は加工進捗度を表している。材料は工程の始点ですべて投入している。月初仕掛品は存在しない。

3．実査法変動予算データ（月間基準操業度は2,000時間，単位：円）

直接作業時間	1,800時間	1,900時間	2,000時間	2,100時間
操業度	90%	95%	100%	105%
補助材料費	208,000	216,000	224,000	232,000
工場消耗品費	164,000	166,000	168,000	170,000
間接工賃金	1,360,000	1,392,000	1,418,000	1,439,000
監督者給料	400,000	400,000	400,000	420,000
残業手当	—	—	—	60,000
減価償却費	200,000	200,000	200,000	200,000
水道光熱費	32,000	36,000	40,000	42,000
その他雑費	25,000	28,000	30,000	33,000
合計	2,389,000	2,438,000	2,480,000	2,596,000

4．当月の実績データ

実際直接作業時間　　　　1,940時間

製造間接費実際発生額　　2,465,000円

（1）予定配賦率，予定配賦額を計算しなさい。

（2）製造間接費配賦差異の金額を計算し，さらに予算差異と操業度差異とに分析しなさい。

（3）実査法変動予算は，公式法変動予算よりも優れているとされる理由について，説明しなさい。

解答・解説

（１）　予定配賦率　1,240円／時間
　　　　予定配賦額　2,405,600円

予定配賦率＝2,480,000円÷2,000時間＝1,240円／時間

予定配賦額＝1,240円／時間×1,940時間＝2,405,600円

（２）　製造間接費配賦差異　59,400円（U）
　　　　予算差異　10,200円（U）
　　　　操業度差異　49,200円（U）

製造間接費配賦差異＝2,405,600円－2,465,000円＝△59,400円

製造間接費予算額（予算許容額）

$$=2{,}438{,}000\text{円}+\frac{2{,}480{,}000\text{円}-2{,}438{,}000\text{円}}{2{,}000\text{時間}-1{,}900\text{時間}}\times(1{,}940\text{時間}-1{,}900\text{時間})$$

＝2,454,800円

予算差異＝2,454,800円－2,465,000円＝△10,200円

操業度差異＝2,405,600円－2,454,800円＝△49,200円

なお，本問において<資料>「２．当月の生産データ」は計算上利用する必要がない。

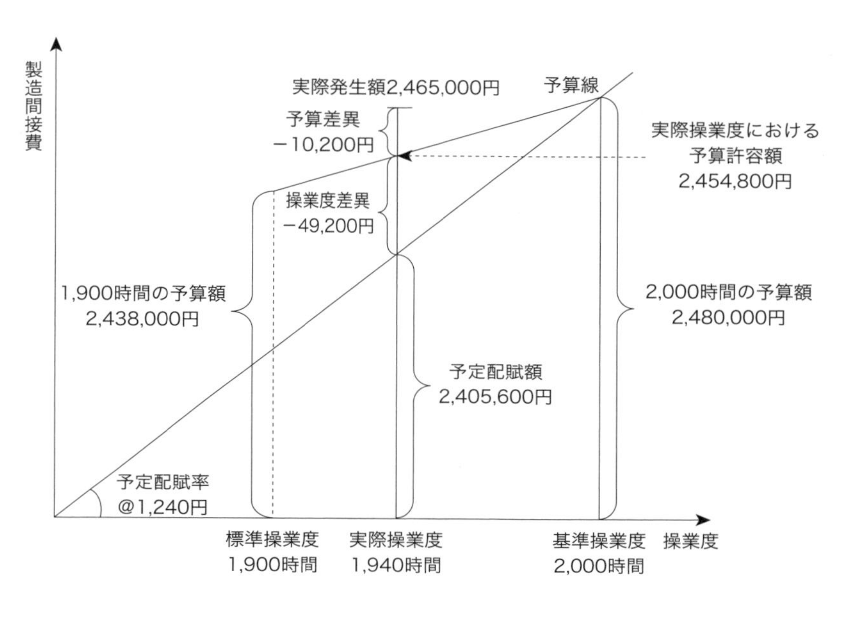

（3） 公式法変動予算では，製造間接費を固定費と変動費に分解する。

一方，実査法変動予算では，製造間接費を固定費と変動費に分解するのみではなく，準固定費や準変動費をそのまま把握する。したがって，製造間接費予算が直線的に推移しない場合には，実査法変動予算の方が，製造間接費の発生態様を正しく示すことができるため，公式法変動予算よりも優れている。

学習の記録 ／ ／ ／

07 部門別原価計算 1（直接配賦法と相互配賦法）

Summary

1 部門別原価計算とは，費目別計算において把握された原価要素（とくに製造間接費）を原価部門別に分類集計する手続きをいう。

2 部門別原価計算では，部門に直接的に集計できる部門個別費と個々の部門に直接集計できない部門共通費があり，部門個別費は各部門に直課，部門共通費は適切な配賦基準で各部門に配賦する（第 1 次集計）。

3 第 1 次集計で補助部門に集計された原価は，製造部門に再集計する（第 2 次集計）。そのとき，補助部門から製造部門のみに再集計する直接配賦法と，補助部門間の配賦も行う相互配賦法がある。次の図表は，製造間接費勘定から製造部門の各勘定と補助部門の各勘定を経てそれぞれの製品に集計されるまでの流れを示したものである。

<部門別原価計算の流れ>

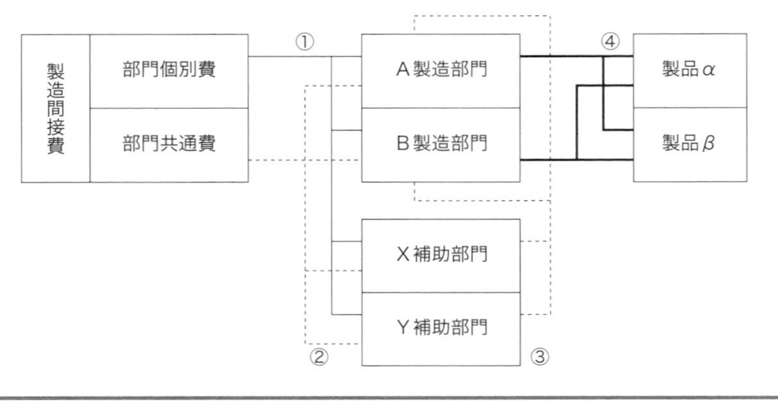

□□ **問題1** 以下の<資料>にもとづいて，直接配賦法により部門費振替表を完成させなさい。

<資料>

1．部門個別費

第１製造部	第２製造部	動力部	修繕部	工場事務部
120,000円	100,000円	42,000円	30,000円	27,000円

2．補助部門費の製造部門への配賦基準

	第１製造部	第２製造部	動力部	修繕部	工場事務部
動力消費量	1,200kwh	1,800kwh	－	1,000kwh	－
修繕時間	200時間	300時間	100時間	－	－
従業員数	50人	40人	10人	８人	２人

（注） 配賦基準は，それぞれ適切なものを選択し使用すること。

□□ **問題2** 上記 **問題1** の<資料>にもとづいて，相互配賦法（簡便法）により部門費振替表を完成させなさい。なお，補助部門費の配賦にあたり，自部門への用役提供は考慮しない。

解答・解説

問題 1

部門費振替表（直接配賦法）　（単位：円）

費目	合計	製造部門		補助部門		
		第1製造部	第2製造部	動力部	修繕部	工場事務部
部門費計	319,000	120,000	100,000	42,000	30,000	27,000
動力部費	42,000	16,800	25,200			
修繕部費	30,000	12,000	18,000			
工場事務部費	27,000	15,000	12,000			
配賦額計	99,000	43,800	55,200			
製造部門費合計	319,000	163,800	155,200			

動力部費配賦率：42,000円÷(1,200kwh＋1,800kwh)＝14円／kwh
　第1製造部への配賦額：14円／kwh×1,200kwh＝16,800円
　第2製造部への配賦額：14円／kwh×1,800kwh＝25,200円

修繕部費配賦率：30,000円÷(200時間＋300時間)＝60円／時間
　第1製造部への配賦額：60円／時間×200時間＝12,000円
　第2製造部への配賦額：60円／時間×300時間＝18,000円

工場事務部費配賦率：27,000円÷(50人＋40人)＝300円／人
　第1製造部への配賦額：300円／人×50人＝15,000円
　第2製造部への配賦額：300円／人×40人＝12,000円

問題 2

部門費振替表（相互配賦法・簡便法）　　　　（単位：円）

費目	合計	製造部門		補助部門		
		第1製造部	第2製造部	動力部	修繕部	工場事務部
部門費計	319,000	120,000	100,000	42,000	30,000	27,000
動力部費	42,000	12,600	18,900	−	10,500	−
修繕部費	30,000	10,000	15,000	5,000	−	−
工場事務部費	27,000	12,500	10,000	2,500	2,000	−
第1次配賦額	99,000	35,100	43,900	7,500	12,500	0
動力部費	7,500	3,000	4,500			
修繕部費	12,500	5,000	7,500			
第2次配賦額	20,000	8,000	12,000			
製造部門費合計	319,000	163,100	155,900			

第1次配賦では，動力部費配賦率は42,000円÷（1,200kwh＋1,800kwh＋1,000kwh）＝10.5円／kwhであり，第1製造部に12,600円，第2製造部に18,900円，修繕部に10,500円が配賦される。修繕部費配賦率は30,000円÷（200時間＋300時間＋100時間）＝50円／時間であり，第1製造部に10,000円，第2製造部に15,000円，動力部に5,000円が配賦される。工場事務部費配賦率は27,000円÷（50人＋40人＋10人＋8人）＝250円／人であり，第1製造部に12,500円，第2製造部に10,000円，動力部に2,500円，修繕部に2,000円が配賦される。

第2次配賦では，動力部費配賦率は7,500円÷（1,200kwh＋1,800kwh）＝2.5円／kwhであり，第1製造部に3,000円，第2製造部に4,500円が配賦される。修繕部費配賦率は12,500円÷（200時間＋300時間）＝25円／時間であり，第1製造部に5,000円，第2製造部に7,500円が配賦される。

08 部門別原価計算2（階梯式配賦法）

Summary

1 階梯式配賦法では，補助部門を順位付けし，配賦順位の高い補助部門から順に製造部門と補助部門に補助部門費を配賦する。

費目	合計	製造部門		補助部門	
		第1製造部	第2製造部	動力部	工場事務部
部門費計	××	××	××	××	××
工場事務部費	××	××	××	××	××
動力部費	××	××	××	××	
配賦額計	××	××	××		
製造部門費計	××	××	××		

2 一般的に，配置の順番（順位）は他の補助部門に対する用役の提供先が多い順，あるいは補助部門費の金額が多い順に，配賦順位を上位として配置する。次の図表は，階梯式配賦法と，**07** 部門別原価計算1で説明した直接配賦法，相互配賦法について要約したものである。

<直接配賦法，相互配賦法，階梯式配賦法>

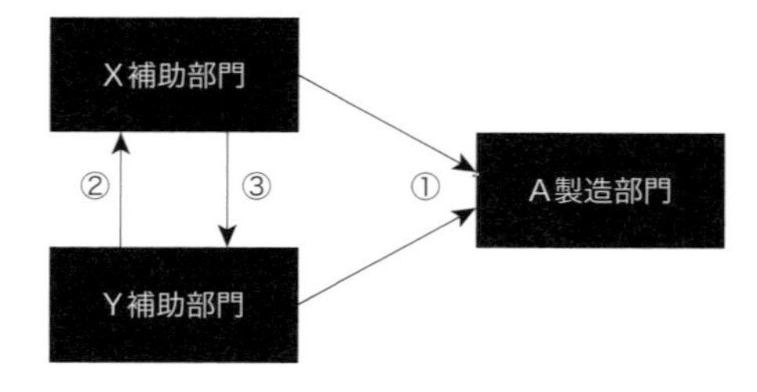

直接配賦法
　①の矢印のみを考慮

相互配賦法
　すべての矢印を考慮

階梯式配賦法
　①の矢印と，②と③の
　どちらかの矢印を考慮

□□ **問題1** 以下の<資料>にもとづいて，階梯式配賦法により部門費振替表を完成させなさい。なお，補助部門費の配賦にあたり，自部門への用役提供は考慮しない。

<資料>

1．部門個別費

第１製造部	第２製造部	動力部	修繕部	工場事務部
120,000円	100,000円	42,000円	30,000円	27,000円

2．補助部門費の製造部門への配賦基準

	第１製造部	第２製造部	動力部	修繕部	工場事務部
動力消費量	1,200kwh	1,800kwh	－	1,000kwh	－
修繕時間	200時間	300時間	100時間	－	－
従業員数	50人	40人	10人	8人	2人

（注） 配賦基準は，それぞれ適切なものを選択し使用すること。

3．製造部門費の各製品への配賦基準

	第１製造部	第２製造部
直接作業時間	1,250時間	1,000時間

□□ **問題2** 上記 **問題1** の<資料>にもとづいて，直接配賦法を用いた場合の第１製造部門費配賦率と第２製造部門費配賦率，および，階梯式配賦法を用いた場合の第１製造部門費配賦率と第２製造部門費配賦率を答えなさい。

解答・解説

問題 1

部門費振替表（階梯式配賦法）　（単位：円）

費目	合計	製造部門		補助部門		
		第1製造部	第2製造部	修繕部	動力部	工場事務部
部門費計	319,000	120,000	100,000	30,000	42,000	27,000
工場事務部費	27,000	12,500	10,000	2,000	2,500	27,000
動力部費	44,500	13,350	20,025	11,125	44,500	
修繕部費	43,125	17,250	25,875	43,125		
配賦額計	99,000	43,100	55,900			
製造部門費合計	319,000	163,100	155,900			

■配賦順位の設定

配賦順位は，他の補助部門に対する用役の提供先が最も多い工場事務部が最も高い順位となる。次に，修繕部と動力部は用役の提供先数は同じであることから，補助部門費の金額が大きい動力部を２番目の順位として，修繕部は３番目の順位として設定することになる。

■配賦額の算定

①　工場事務部費

配賦率：27,000円÷（50人＋40人＋８人＋10人）＝250円／人

第１製造部へ：250円／人×50人＝12,500円

第２製造部へ：250円／人×40人＝10,000円

修繕部へ：250円／人×８人＝2,000円

動力部へ：250円／人×10人＝2,500円

②　動力部費

配賦率：（42,000円＋2,500円）

÷（1,200kwh＋1,800kwh＋1,000kwh）＝11.125円／kwh

第１製造部へ：11.125円／kwh×1,200kwh＝13,350円

第２製造部へ：11.125円／kwh×1,800kwh＝20,025円

修繕部へ：11.125円／kwh×1,000kwh＝11,125円

③　修繕部費

配賦率：(30,000円＋2,000円＋11,125円)

÷(200時間＋300時間)＝86.25円／時間

第１製造部へ：86.25円／時間×200時間＝17,250円

第２製造部へ：86.25円／時間×300時間＝25,875円

問題2

■直接配賦法を採用する場合

第１製造部門費配賦率　131.04円／時間

第２製造部門費配賦率　155.2 円／時間

■階梯式配賦法を採用する場合

第１製造部門費配賦率　130.48円／時間

第２製造部門費配賦率　155.9 円／時間

直接配賦法を採用する場合

第１製造部門費の合計は163,800円，第２製造部門費の合計は155,200円なので，次のように求めることができる。

第１製造部門費配賦率：163,800円÷1,250時間＝131.04円／時間

第２製造部門費配賦率：155,200円÷1,000時間＝155.2円／時間

階梯式配賦法を採用する場合

第１製造部門費の合計は163,100円，第２製造部門費の合計は155,900円なので，次のように求めることができる。

第１製造部門費配賦率：163,100円÷1,250時間＝130.48円／時間

第２製造部門費配賦率：155,900円÷1,000時間＝155.9円／時間

学習の記録   

09 個別原価計算（原価計算表）

Summary

1 個別原価計算とは，製造指図書別に製品原価を集計する原価計算の方法である。

2 原価計算表とは，製造指図書ごとにその月の前月繰越，直接材料費，直接労務費，直接経費，製造間接費等を記入したものである。

3 原価計算表に記入される前月繰越や直接材料費等の各項目の合計額は，仕掛品勘定の借方に記入される同項目の金額と等しくなる。また，その月に完成した製品の製造指図書に記入された金額の合計は，仕掛品勘定の貸方に記入される製品勘定に振り替えられた金額と等しくなる。次の図表は，原価計算表と仕掛品勘定の関連を示したものである。

<原価計算表と仕掛品勘定>

製造指図書	No. 1	No. 2	No. 3	合計
前月繰越	2	3	−	5
直接材料費	5	10	10	25
直接労務費	3	7	8	18
直接経費	4	6	5	15
製造間接費	10	15	20	45
合計	24	41	43	108
備考	完成	完成	仕掛中	

→

仕　掛　品

借方		貸方	
前月繰越	5	製品	65
直接材料費	25	次月繰越	43
直接労務費	18		
直接経費	15		
製造間接費	45		
	108		108

□□ **問題** 以下の<資料>にもとづいて，原価計算表を完成させなさい。

<資料>

1．月初仕掛品原価

製造指図書No. 1　　225,000円

2．直接材料費

当社では予定消費単価（500円／kg）を用いており，当月の各製造指図書の材料消費量は次のとおりである。

製造指図書No. 1　　100kg
製造指図書No. 2　　210kg
製造指図書No. 3　　150kg

3．直接労務費

当社では予定平均賃率を用いている。なお，年間の直接労務費予算は3,840,000円，年間の正常直接作業時間は4,800時間である。また，当月の各製造指図書における実際直接作業時間は次のとおりである。

製造指図書No. 1　　 60時間
製造指図書No. 2　　150時間
製造指図書No. 3　　180時間

4．製造間接費

当社では直接作業時間にもとづいて製造間接費を各製品に予定配賦しており，年間の製造間接費予算は4,800,000円である。

5．その他

製造指図書No. 1およびNo. 2は，当月中に完成・引渡しをしている。

解答・解説

原価計算表

(単位：円)

製造指図書	No. 1	No. 2	No. 3	合計
前月繰越	225,000	−	−	225,000
当月製造費用				
直接材料費	50,000	105,000	75,000	230,000
直接労務費	48,000	120,000	144,000	312,000
製造間接費	60,000	150,000	180,000	390,000
合計	383,000	375,000	399,000	1,157,000
備考	完成・引渡	完成・引渡	仕掛中	

直接材料費

各製造指図書の材料消費量に予定消費単価の500円／kgを乗じて直接材料費消費額を算定する。

製造指図書No. 1：100kg×500円／kg＝50,000円
製造指図書No. 2：210kg×500円／kg＝105,000円
製造指図書No. 3：150kg×500円／kg＝75,000円

直接労務費

はじめに，年間の直接労務費予算を年間の正常直接作業時間で除して予定平均賃率を算定する。

予定平均賃率＝3,840,000円÷4,800時間＝800円／時間

次に，求めた予定平均賃率に各製造指図書における実際直接作業時間を乗じて直接労務費消費額を算定する。

製造指図書No. 1：　60時間×800円／時間＝48,000円
製造指図書No. 2：150時間×800円／時間＝120,000円
製造指図書No. 3：180時間×800円／時間＝144,000円

製造間接費

はじめに，年間の製造間接費予算を年間の正常直接作業時間で除して予定配賦率を算定する。

予定配賦率＝4,800,000円÷4,800時間＝1,000円／時間

次に，求めた予定配賦率に各製造指図書の実際直接作業時間を乗じて製造間接費予定配賦額を算定する。

製造指図書No. 1：　60時間×1,000円／時間＝60,000円
製造指図書No. 2：150時間×1,000円／時間＝150,000円
製造指図書No. 3：180時間×1,000円／時間＝180,000円

参考として，本問の原価計算表をもとに作成した仕掛品勘定を示すと次のようになる。

仕　掛　品

前月繰越	225,000	製品	758,000
直接材料費	230,000	次月繰越	399,000
直接労務費	312,000		
製造間接費	390,000		
	1,157,000		1,157,000

学習の記録  ／ ／ ／

10 総合原価計算 1（純粋先入先出法）

Summary

1 当月の総製造費用（月初仕掛品原価と当月製造費用の合計）を完成品と月末仕掛品に配分する代表的な方法には，平均法と先入先出法がある。

2 平均法とは，投入から産出までのモノの流れをとくに仮定することなく，直接材料費や加工費の消費単価を決定する方法である。これに対して，先入先出法とは，先に投入したものから先に産出されるという特定のモノの流れを仮定して，直接材料費や加工費の消費単価を決定する方法である。

3 先入先出法では，先に投入したものから先に産出されるという特定のモノの流れを仮定している。この場合，月初仕掛品から加工して完成させた分の単位原価と，当月に着手して完成させた分の単位原価を区分して計算できれば，原価管理に役立つことが期待できる。しかし，これまで学習してきた先入先出法（修正先入先出法）では，月初仕掛品分と当月着手分を区分して計算しないことから，これらの情報は提供できない。

4 純粋先入先出法とは，月初仕掛品から加工して完成させた分の単位原価と，当月に着手して完成させた分の単位原価が計算できるように，月初仕掛品分と当月着手分を区分して計算する方法をいう。

5 純粋先入先出法では，これまで学習してきた修正先入先出法と異なり，完成品単位原価を月初仕掛品分と当月着手分とに区分して計算することができる。ただし，純粋先入先出法における完成品総合原価の金額は，修正先入先出法の金額と同額である。

□□ **問題** 以下の<資料>にもとづいて，（1）から（4）に答えなさい。

<資料>

1．生産データ

月初仕掛品	500個	(0.4)
当月投入	1,500個	
合計	2,000個	
月末仕掛品	500個	(0.8)
当月完成	1,500個	

（注） カッコ内は加工進捗度を表している。材料は工程の始点ですべて投入している。

2．原価データ

	直接材料費	加工費
月初仕掛品	225,000円	798,900円
当月投入	702,000円	6,936,000円
	927,000円	7,734,900円

（1） 平均法を採用した場合，月末仕掛品原価と完成品総合原価の金額，および，完成品単位原価を計算しなさい。

（2） 修正先入先出法を採用した場合，月末仕掛品原価と完成品総合原価の金額，および，完成品単位原価を計算しなさい。

（3） 純粋先入先出法を採用した場合，月初仕掛品分の完成品単位原価と当月着手分の完成品単位原価を計算しなさい。

（4） 上記の計算結果を基礎に，修正先入先出法と純粋先入先出法を比較し，共通するポイントと異なるポイントをあげなさい。

解答・解説

（1） 月末仕掛品原価　1,860,150円
　　　完成品総合原価　6,801,750円
　　　完成品単位原価　4,534.5円／個

仕掛品－直接材料費

<table><tr><td>月初　500個
225,000円</td><td rowspan="2">完成　1,500個
695,250円</td></tr><tr><td rowspan="2">当月　1,500個
702,000円</td></tr><tr><td>月末　500個
231,750円</td></tr></table>

仕掛品－加工費

<table><tr><td>月初　200個
798,900円</td><td rowspan="2">完成　1,500個
6,106,500円</td></tr><tr><td rowspan="2">当月　1,700個
6,936,000円</td></tr><tr><td>月末　400個
1,628,400円</td></tr></table>

完成品単位原価＝6,801,750円÷1,500個＝4,534.5円／個

（2） 月末仕掛品原価　1,866,000円
　　　完成品総合原価　6,795,900円
　　　完成品単位原価　4,530.6円／個

仕掛品－直接材料費

<table><tr><td>月初　500個
225,000円</td><td rowspan="2">完成　1,500個
693,000円</td></tr><tr><td rowspan="2">当月　1,500個
702,000円</td></tr><tr><td>月末　500個
234,000円</td></tr></table>

仕掛品－加工費

<table><tr><td>月初　200個
798,900円</td><td rowspan="2">完成　1,500個
6,102,900円</td></tr><tr><td rowspan="2">当月　1,700個
6,936,000円</td></tr><tr><td>月末　400個
1,632,000円</td></tr></table>

完成品単位原価＝6,795,900円÷1,500個＝4,530.6円／個

（3） 月初仕掛品分の完成品単位原価 4,495.8円／個
　　　当月着手分の完成品単位原価 4,548 円／個

仕掛品－直接材料費

月初 500個 225,000円	完成 1,500個 693,000円 ＜内訳＞ ・月初 500個 225,000円 ・当月 1,000個 468,000円
当月 1,500個 702,000円	月末 500個 234,000円

仕掛品－加工費

月初 200個 798,900円	完成 1,500個 6,102,900円 ＜内訳＞ ・月初 200個 798,900円 ・月初 300個 1,224,000円 ・当月 1,000個 4,080,000円
当月 1,700個 6,936,000円	月末 400個 1,632,000円

月初仕掛品分の完成品単位原価
＝(225,000円＋798,900円＋1,224,000円)÷500個＝4,495.8円／個
当月投入分の完成品単位原価
＝(468,000円＋4,080,000円)÷1,000個＝4,548円／個

（4） 修正先入先出法も純粋先入先出法も，完成品総合原価の金額はともに6,795,900円となり，両者は共通している。

一方，修正先入先出法では，完成品全体の単位原価4,530.6円／個が計算できるのみであるが，純粋先入先出法では，これを月初仕掛品分4,495.8円／個と当月投入分4,548円／個とに区分することができる点で両者は異なっている。

学習の記録 ／ ／ ／

11 総合原価計算２（非度外視法・定点発生）

Summary

1 製品の仕様や品質等の規格に適合しない不合格品（仕損品）が生じることを仕損といい，これに関連して生じる原価を仕損費という。仕損費は，通常，仕損に関連して集計した原価から外部に販売すること等によって回収できる金額である仕損品評価額を控除して求められる。一方，製品の加工中における蒸発，粉散等によって製品にならない部分が生じることを減損いい，これに関連して生じる原価を減損費という。なお，通常の範囲で生じる仕損費や減損費を，正常仕損費や正常減損費という。

2 正常仕損費や正常減損費は，製品の生産にとって不可避な原価であるため，その金額を良品に負担させる。この場合の処理方法には次の２つがある。１つは，これまで学習してきた度外視法，すなわち，正常仕損費・正常減損費を分離せずに計算上無視する方法である。もう１つは，正常仕損費や正常減損費を計算上分離し個別に把握する非度外視法である。非度外視法は，正常仕損費や正常減損費の発生パターンを反映させることができるために，正確な計算ができる方法であるといわれている。

3 正常仕損や正常減損が特定の時点（定点）で発生し，そのポイントを月末仕掛品が通過している場合，正常仕損費や正常減損費は，数量を基準として完成品と月末仕掛品の両方に負担させる（両者負担）。これに対して，正常仕損や正常減損が定点で発生し，そのポイントを月末仕掛品が通過していない場合，正常仕損費や正常減損費は，完成品のみに負担させる（完成品負担）。

□□ **問題** 以下の＜資料＞にもとづいて，（1）から（3）に答えなさい。なお，減損はすべて正常なものである。

＜資料＞

1．生産データ

月初仕掛品	500個	(0.4)
当月投入	1,500個	
合計	2,000個	
減損	100個	(？)
月末仕掛品	400個	(0.8)
当月完成	1,500個	

(注) カッコ内は加工進捗度を表している。材料は工程の始点ですべて投入している。

2．原価データ

	直接材料費	加工費
月初仕掛品	258,900円	808,308円
当月投入	778,500円	6,951,444円
	1,037,400円	7,759,752円

(注) 棚卸資産の評価方法は平均法を採用している。

（1） 減損が工程の50％の時点で発生している場合，月末仕掛品原価と完成品総合原価の金額を計算しなさい。非度外視法を採用すること。

（2） 減損が工程の50％の時点で発生している場合，月末仕掛品原価と完成品総合原価の金額を計算しなさい。度外視法を採用すること。

（3） 減損が工程の終点で発生している場合，月末仕掛品原価と完成品総合原価の金額を計算しなさい。非度外視法を採用すること。

解答・解説

（1） 月末仕掛品原価　1,589,952円
　　　完成品総合原価　7,207,200円

仕掛品－直接材料費

借方	貸方
月初　500個 258,900円	完成　1,500個 778,050円
当月　1,500個 778,500円	減損　100個 51,870円
	月末　400個 207,480円

仕掛品－加工費

借方	貸方
月初　200個 808,308円	完成　1,500個 6,224,400円
当月　1,670個 6,951,444円	減損　50個 207,480円
	月末　320個 1,327,872円

正常減損費＝51,870円＋207,480円＝259,350円

正常減損費の月末仕掛品負担分
＝259,350円÷（1,500個＋400個）×400個＝54,600円
正常減損費の完成品負担分
＝259,350円÷（1,500個＋400個）×1,500個＝204,750円

月末仕掛品原価
＝207,480円＋1,327,872円＋54,600円＝1,589,952円
完成品総合原価
＝778,050円＋6,224,400円＋204,750円＝7,207,200円

（2） 月末仕掛品原価　1,582,752円
　　　完成品総合原価　7,214,400円

度外視法では，減損の発生を無視して計算し両者に負担させる。

仕掛品－直接材料費

借方	貸方
月初 500個 258,900円	完成 1,500個 819,000円
当月 1,400個 778,500円	減損
	月末 400個 218,400円

仕掛品－加工費

借方	貸方
月初 200個 808,308円	完成 1,500個 6,395,400円
当月 1,620個 6,951,444円	減損
	月末 320個 1,364,352円

（3） 月末仕掛品原価 1,500,772円

完成品総合原価 7,296,380円

仕掛品－直接材料費

借方	貸方
月初 500個 258,900円	完成 1,500個 778,050円
当月 1,500個 778,500円	減損 100個 51,870円
	月末 400個 207,480円

仕掛品－加工費

借方	貸方
月初 200個 808,308円	完成 1,500個 6,062,306.25円
当月 1,720個 6,951,444円	減損 100個 404,153.75円
	月末 320個 1,293,292円

正常減損費＝51,870円＋404,153.75円＝456,023.75円

月末仕掛品原価

＝207,480円＋1,293,292円＝1,500,772円

完成品総合原価

＝778,050円＋6,062,306.25円＋456,023.75円＝7,296,380円

工程の終点で発生している場合，度外視法でも計算結果は同じである。

学習の記録 ／ ／ ／

12 総合原価計算３（非度外視法・平均的発生）

Summary

1 仕損や減損は，工程の特定の時点において発生する定点発生のパターンのほかに，工程のさまざまな段階において発生し，工程を通じて総じて平均的に発生する平均的発生のパターンもある。定点発生の場合，仕損や減損にかかわる完成品換算量は，仕損や減損の数量に発生ポイント（定点）を乗じて求められる。これに対して，平均的発生の場合，仕損や減損にかかわる完成品換算量は，特定の発生ポイントではなく工程を通じて発生すると考えるため，仕損や減損の数量に１／２を乗じて求められる。次の図表は，平均的発生を表現したものである。

<仕損や減損の平均的発生>

2 定点発生であり，かつ，非度外視法を採用して両者負担の計算をする場合は，数量を基準に正常仕損費や正常減損費を完成品と月末仕掛品に負担させる。一方，平均的発生であり，かつ，非度外視法を採用して両者負担の計算をする場合は，完成品換算量を基準に正常仕損費や正常減損費を完成品と月末仕掛品に負担させる。

□□ **問題** 以下の<資料>にもとづいて，（1）から（4）に答えなさい。なお，減損はすべて正常なものである。

<資料>

1．生産データ

月初仕掛品	500個	(0.4)
当月投入	1,500個	
合計	2,000個	
減損	100個	(？)
月末仕掛品	400個	(0.8)
当月完成	1,500個	

（注） カッコ内は加工進捗度を表している。材料は工程の始点ですべて投入している。

2．原価データ

	直接材料費	加工費
月初仕掛品	258,900円	808,308円
当月投入	778,500円	6,951,444円
	1,037,400円	7,759,752円

（注） 棚卸資産の評価方法は平均法を採用している。

（1） 減損が工程の50％の時点で発生している場合，月末仕掛品原価と完成品総合原価の金額を計算しなさい。非度外視法を採用すること。

（2） 減損が工程を通じて平均的に発生している場合，月末仕掛品原価と完成品総合原価の金額を計算しなさい。非度外視法を採用すること。

（3） 減損が工程を通じて平均的に発生している場合，月末仕掛品原価と完成品総合原価の金額を計算しなさい。度外視法を採用すること。

（4） 上記の計算結果を基礎に，非度外視法が正確な計算方法であるといわれる理由を説明しなさい。

解答・解説

（1） 月末仕掛品原価 1,589,952円
完成品総合原価 7,207,200円

計算結果と計算方法は，前ユニットの **11** 総合原価計算2における問題（1）と同様である。

（2） 月末仕掛品原価 1,580,952円
完成品総合原価 7,216,200円

仕掛品－直接材料費

借方	貸方
月初 500個 258,900円	完成 1,500個 778,050円
当月 1,500個 778,500円	減損 100個 51,870円
	月末 400個 207,480円

仕掛品－加工費

借方	貸方
月初 200個 808,308円	完成 1,500個 6,224,400円
当月 1,670個 6,951,444円	減損 50個 207,480円
	月末 320個 1,327,872円

正常減損費＝51,870円＋207,480円＝259,350円

正常減損費の月末仕掛品負担分
＝259,350円÷(1,500個＋320個)×320個＝45,600円
正常減損費の完成品負担分
＝259,350円÷(1,500個＋320個)×1,500個＝213,750円

月末仕掛品原価
＝207,480円＋1,327,872円＋45,600円＝1,580,952円
完成品総合原価
＝778,050円＋6,224,400円＋213,750円＝7,216,200円

（3） 月末仕掛品原価　1,582,752円
　　　完成品総合原価　7,214,400円

仕掛品－直接材料費

借方	貸方
月初 500個 258,900円	完成 1,500個 819,000円
当月 1,400個 778,500円	減損
	月末 400個 218,400円

仕掛品－加工費

借方	貸方
月初 200個 808,308円	完成 1,500個 6,395,400円
当月 1,620個 6,951,444円	減損
	月末 320個 1,364,352円

度外視法では，減損の発生パターンを計算上考慮できないため，計算結果と計算方法は，前ユニットの 11 総合原価計算２における問題（2）と同様になる。

（4） 度外視法では，減損の発生を計算上無視することから，減損の発生パターンを計算上考慮できない。そのため，正常減損が50％の時点で発生した場合も平均的に発生した場合も，完成品総合原価はともに7,214,400円となる。

これに対して，非度外視法では，減損費を分離することから，減損の発生パターンを反映した正確な計算を行うことができる。

そのため，正常減損が50％の時点で発生した場合の完成品総合原価は7,207,200円，平均的に発生した場合の完成品総合原価は7,216,200円となり，異なる計算結果を求めることができる。

学習の記録 ／ ／ ／

13 総合原価計算4（非度外視法・安定的発生）

Summary

1 減損については，工程の特定の時点において発生する定点発生のパターンや，工程を通じて発生する平均的発生のパターンのほかに，工程を通じて安定的に発生するパターンも想定することができる。平均的発生のパターンは，工程のさまざまな段階で減損が発生する可能性があり，総じて平均的に発生することを意味する点で，定点発生のパターンと異なっている。これに対して，安定的発生のパターンは，減損の発生率が工程を通じて安定しており，工程の各段階での減損量が合理的に計算できる点で，平均的発生のパターンと異なっている。

2 たとえば，バッチ生産（特定の数量の製品をまとめた生産）で減損が安定的に発生する場合，完成品，月末仕掛品，正常減損の数量や完成品換算量は，次の図表で表現することができる。ここにおいて，数量は縦軸の重量，個数等の物量として，完成品換算量は縦軸の物量に横軸の加工進捗度を乗じた面積として表すことができる。

<減損の安定的発生>

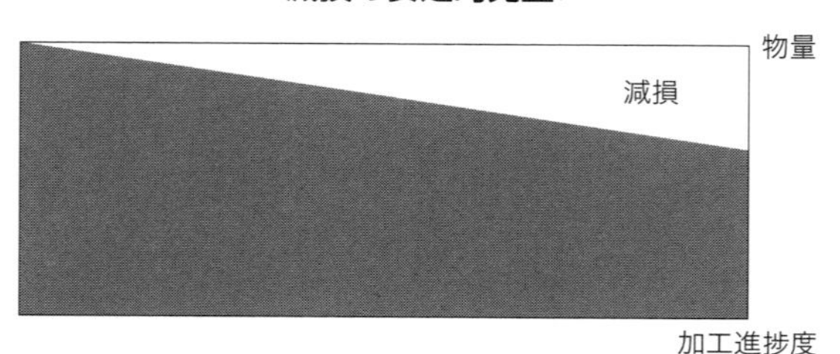

□□ **問題** 以下の<資料>にもとづいて，月末仕掛品原価と完成品総合原価を計算しなさい。なお，減損はすべて正常なものである。

<資料>

1．生産データ

月初仕掛品	0kg
当月投入	
第1バッチ	1,500kg
第2バッチ	1,500kg
第3バッチ	1,500kg
合計	4,500kg

（注） 材料は工程の始点ですべて投入している。

2．原価データ

	直接材料費	加工費
当月投入	5,175,000円	17,423,640円

（注） 棚卸資産の評価方法は平均法を採用している。

3．その他の計算条件

・第1バッチと第2バッチは完成し，第3バッチは仕掛中である。第3バッチの加工進捗度は60％である。完成品，月末仕掛品，正常減損の数量は各自計算すること。

・正常減損は，加工の進捗に応じて安定的に発生し，工程の終点で始点投入量の10％に達すると合理的に見積もることができる。なお，正常減損費の処理方法は非度外視法を採用すること。

解答・解説

月末仕掛品原価　5,810,640円

完成品総合原価　16,788,000円

第１・第２バッチ

正常減損・数量　＝(1,500kg＋1,500kg)×10%＝300kg

正常減損・換算量＝300kg×100%×１／２＝150kg

当月完成品・数量　＝(1,500kg＋1,500kg)－300kg＝2,700kg

当月完成品・換算量＝2,700kg×100%＝2,700kg

第３バッチ

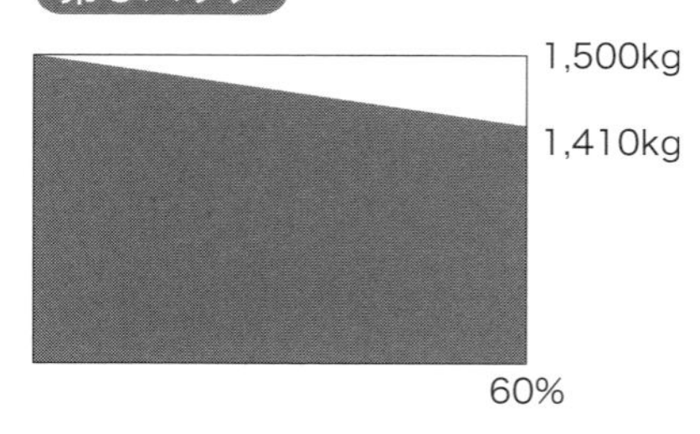

正常減損・数量　＝1,500kg×10%×60%＝90kg

正常減損・換算量＝90kg×60%×１／２＝27kg

月末仕掛品・数量　＝1,500kg－90kg＝1,410kg

月末仕掛品・換算量＝1,410kg×60%＝846kg

当月投入の直接材料費の各バッチへの配分

第１・第２バッチ＝5,175,000円÷(2,700kg＋300kg＋1,410kg＋90kg)
×(2,700kg＋300kg)＝3,450,000円

第３バッチ＝5,175,000円÷(2,700kg＋300kg＋1,410kg＋90kg)
×(1,410kg＋90kg)＝1,725,000円

当月投入の加工費の各バッチへの配分

第１・第２バッチ＝17,423,640円÷(2,700kg＋150kg＋846kg＋27kg)
×(2,700kg＋150kg)＝13,338,000円

第３バッチ＝17,423,640円÷(2,700kg＋150kg＋846kg＋27kg)
×(846kg＋27kg)＝4,085,640円

月末仕掛品原価と完成品総合原価の計算

第１・第２バッチ（当月完成品と完成品負担の正常減損費）

仕掛品－直接材料費

当月 3,000kg 3,450,000円	完成 2,700kg 3,105,000円
	減損 300kg 345,000円

仕掛品－加工費

当月 2,850kg 13,338,000円	完成 2,700kg 12,636,000円
	減損 150kg 702,000円

第３バッチ（月末仕掛品と仕掛品負担の正常減損費）

仕掛品－直接材料費

当月 1,500kg 1,725,000円	月末 1,410kg 1,621,500円
	減損 90kg 103,500円

仕掛品－加工費

当月 873kg 4,085,640円	月末 846kg 3,959,280円
	減損 27kg 126,360円

月末仕掛品原価＝1,621,500円＋103,500円
＋3,959,280円＋126,360円＝5,810,640円

完成品総合原価＝3,105,000円＋345,000円
＋12,636,000円＋702,000円＝16,788,000円

学習の記録 ❯ ／ ／ ／

14 工程別総合原価計算 1（累加法と非累加法）

Summary

1 総合原価計算は，単一工程で生産することを前提とする単一工程総合原価計算と，複数工程を経て生産することを前提とする工程別総合原価計算に区分することができる。複数工程を経て生産することを前提とした工程別総合原価計算の計算方法には，累加法と非累加法があげられる。

2 累加法とは，生産におけるモノの流れを基礎に，ある工程における工程完了品原価を次の工程に振り替えるという手順を繰り返すことによって，完成品総合原価を計算する方法をいう。この場合，前工程から次工程に振り替えられてきた工程完了品原価を前工程費という。すなわち，累加法とは，ある工程の工程完了品原価を前工程費としてまとめて，これを次工程に振り替えるという手順を繰り返す方法であり，その特徴としては，モノの流れに沿った合理的な計算ができる点にある。

3 非累加法とは，生産におけるモノの流れではなく各工程で発生する工程費に注目し，工程費ごとに区分して月末仕掛品原価と完成品総合原価を計算する方法をいう。その特徴としては，工程費ごとに区別した計算結果が得られるために，原価管理に有用な情報が提供できる点にある。このように，非累加法では，モノの流れではなく各工程費の区分に注目するために，累加法のように前工程費としてまとめることをせずに，工程費ごとで計算する。

4 非累加法は，（A）全体を単一の工程と見なして計算する方法と，（B）工程ごとに計算する方法に区分することができる。（A）を通常の計算方式（本来の非累加法）といい，（B）を累加法と計算結果が一致する非累加法という。

□□ **問題** 以下の<資料>にもとづいて，（1）と（2）に答えなさい。

<資料>

1．生産データ

	第1工程	第2工程
月初仕掛品	500個（0.4）	500個（0.4）
当月投入	1,500個	1,500個
合計	2,000個	2,000個
月末仕掛品	500個（0.8）	500個（0.4）
当月完成	1,500個	1,500個

（注）カッコ内は加工進捗度を表している。材料は第1工程の始点ですべて投入している。

2．原価データ（加工費のみ）

	第1工程 加工費	第2工程 加工費
月初仕掛品	808,750円	464,250円
当月投入	6,882,450円	3,488,250円
	7,691,200円	3,952,500円

（注1）本問において，直接材料費は計算しなくてよい。
（注2）棚卸資産の評価方法は平均法を採用している。
（注3）第2工程の月初仕掛品に含まれる第1工程加工費は2,023,400円である。

（1）累加法を採用した場合，第1工程の工程完了品原価と第2工程の完成品総合原価を計算しなさい。

（2）非累加法（本来の方法）を採用した場合，完成品総合原価，完成品総合原価に含まれる第1工程加工費と第2工程加工費を計算しなさい。

解答・解説

（1）　第１工程完了品原価　6,072,000円
　　　完成品総合原価　　　9,559,050円

第１工程仕掛品－加工費

月初　200個	808,750円	完了　1,500個	6,072,000円
当月　1,700個	6,882,450円		
		月末　400個	1,619,200円

第２・月初の第１工程加工費は，累加法では前工程費として処理

第２工程仕掛品－前工程費

月初　500個	2,023,400円	完成　1,500個	6,071,550円
当月　1,500個	6,072,000円		
		月末　500個	2,023,850円

第２工程仕掛品－加工費

月初　200個	464,250円	完成　1,500個	3,487,500円
当月　1,500個	3,488,250円		
		月末　200個	465,000円

第１工程　　　　第２工程

モノの流れを重視

第１工程完了品原価＝6,072,000円

完成品総合原価＝6,071,550円＋3,487,500円＝9,559,050円

（２） 完成品総合原価 9,559,125円
うち第１工程加工費 6,071,625円
うち第２工程加工費 3,487,500円

仕掛品－第１工程加工費

借方		貸方	
第１・月初	200個 808,750円	完成	1,500個 6,071,625円
第２・月初	500個 2,023,400円		
当月	1,700個 6,882,450円	第１・月末	400個 1,619,100円
		第２・月末	500個 2,023,875円

第１工程費

第１・月初と第１・月末は完成品換算量
第２・月初と第２・月末は数量

コスト区分を重視

仕掛品－第２工程加工費

借方		貸方	
月初	200個 464,250円	完成	1,500個 3,487,500円
当月	1,500個 3,488,250円	月末	200個 465,000円

第２工程費

完成品総合原価＝6,071,625円＋3,487,500円＝9,559,125円

学習の記録 ／ ／ ／

15 工程別総合原価計算2（加工費法）

Summary

1 工程別総合原価計算は，集計される原価の範囲に応じて，すべての原価要素を工程別に集計するものと，加工費のみを工程別に集計するものに区分することができる。前者を全原価要素工程別総合原価計算といい，後者を加工費工程別総合原価計算（加工費法）という。

2 加工費工程別総合原価計算（加工費法）とは，加工費のみを工程別に計算し，直接材料費を工程別に計算することを省略した方法である。この方法の場合，加工費は工程別に計算する一方で，直接材料費は工程別に計算せずに単一工程とみなして計算する。そのため，加工費工程別総合原価計算は，第1工程の始点において材料をすべて投入し，その後は単にこれを加工するのみの場合に適した計算方法であるといわれている。次の図表は，工程別総合原価計算の方法として累加法を採用した場合における，加工費工程別総合原価計算を表現したものである。

<加工費工程別総合原価計算>

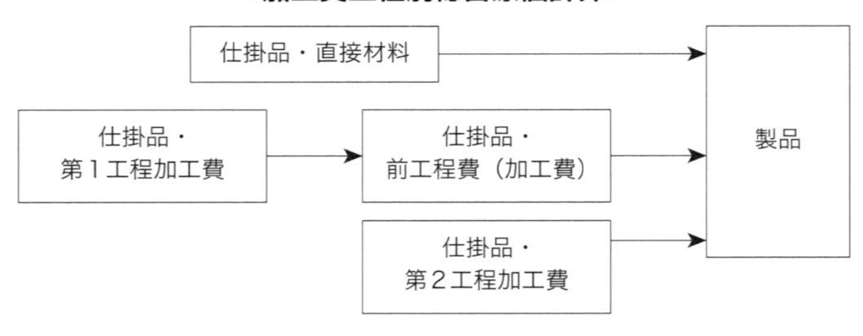

□□ **問題** 以下の＜資料＞にもとづいて，累加法による加工費工程別総合原価計算での完成品総合原価を計算しなさい。

＜資料＞

1．生産データ

	第1工程	第2工程
月初仕掛品	500個（0.4）	500個（0.4）
当月投入	1,500個	1,500個
合計	2,000個	2,000個
月末仕掛品	500個（0.8）	500個（0.4）
当月完成	1,500個	1,500個

（注） カッコ内は加工進捗度を表している。材料は第1工程の始点ですべて投入している。

2．原価データ（第1工程）

	直接材料費	加工費
月初仕掛品	259,375円	808,750円
当月投入	779,625円	6,882,450円
	1,039,000円	7,691,200円

3．原価データ（第2工程）

	前工程費	加工費
月初仕掛品	2,023,400円	464,250円
当月投入	?	3,488,250円
	?	3,952,500円

（注1） 棚卸資産の評価方法は平均法を採用している。
（注2） 前工程費の月初仕掛品は加工費のみである。第2工程の月初仕掛品分の直接材料費は259,250円である。

解答・解説

完成品総合原価＝10,338,000円

仕掛品－直接材料費

第１・月初 500個 259,375円	完成 1,500個 778,950円
第２・月初 500個 259,250円	
当月 1,500個 779,625円	
	第１・月末 500個 259,650円
	第２・月末 500個 259,650円

加工費工程別総合原価計算における直接材料費は，工程別に計算せず単一工程とみなして計算

第１工程仕掛品－加工費

月初 200個 808,750円	完了 1,500個 6,072,000円
当月 1,700個 6,882,450円	
	月末 400個 1,619,200円

第２工程仕掛品－前工程費

月初 500個 2,023,400円	完成 1,500個 6,071,550円
当月 1,500個 6,072,000円	
	月末 500個 2,023,850円

第２・月初の第１工程加工費は，累加法では前工程費として処理

第２工程仕掛品－加工費

月初 200個 464,250円	完成 1,500個 3,487,500円
当月 1,500個 3,488,250円	
	月末 200個 465,000円

完成品総合原価＝778,950円＋6,071,550円＋3,487,500円

　　　　　　　＝10,338,000円

参考：累加法での全原価要素工程別総合原価計算の場合

完成品総合原価＝6,850,425円＋3,487,500円＝10,337,925円

第1工程仕掛品ー直接材料費

月初　500個 259,375円	完了　1,500個 779,250円
当月　1,500個 779,625円	月末　500個 259,750円

第2工程仕掛品ー前工程費

月初　500個 2,282,650円	完成　1,500個 6,850,425円
当月　1,500個 6,851,250円	月末　500個 2,283,475円

第1工程仕掛品ー加工費

月初　200個 808,750円	完了　1,500個 6,072,000円
当月　1,700個 6,882,450円	月末　400個 1,619,200円

第2工程仕掛品ー加工費

月初　200個 464,250円	完成　1,500個 3,487,500円
当月　1,500個 3,488,250円	月末　200個 465,000円

16 組別・等級別総合原価計算

学習の記録 ／ ／ ／

Summary

1 組別総合原価計算は，同一の生産工程において，同種の原材料を用いて，同種の加工作業によって，異種製品を連続生産する生産形態に適用される原価計算の方法である。

2 組別総合原価計算の手続きは，一期間の製造費用を組直接費と組間接費に分け，個別原価計算に準じて，組直接費を各組に賦課し，組間接費を適当な配賦基準によって各組に配賦する。その後，組別に計算された当期製造費用と期首仕掛品原価を完成品と期末仕掛品原価とに分割することで，組別の完成品総合原価を計算し，これを製品単位に均分して単位原価を計算する。

3 等級別総合原価計算は，同一の生産工程において，同種製品を連続生産するが，その製品を形状，大きさ，品位等によって区別する場合に適用される原価計算の方法である。

4 等級別総合原価計算のうち，完成品総合原価を等級製品別に按分する方法では，完成品の重量などアウトプットに関する指標を等価係数とする積数の比（等価比率）に応じて等級製品別の原価を計算する。

5 一方，当月製造費用を等級製品別に按分する方法では，直接材料消費量などインプットに関する指標を等価係数とする積数の比（等価比率）に応じて，等級製品別に原価配分を行うことで製品原価を計算する。

6 さらに，原価要素別の月初仕掛品原価と当月製造費用の合計額を等級製品別の完成品と月末仕掛品に按分する方法もある。なお，先入先出法によって原価配分を行う場合，等級製品別の月末仕掛品原価を求めた後に，残額を積数の比に応じて，等級製品別に按分する。

□□ **問題** 以下の＜資料＞にもとづいて，原価要素別の月初仕掛品原価と当月製造費用の合計額を等級製品別に按分する方法により，各等級製品の月末仕掛品原価，完成品総合原価，完成品単位原価を答えなさい。

＜資料＞

1．生産データ

	等級製品A		等級製品B	
月初仕掛品	100個	(0.6)	200個	(0.7)
当月投入	1,000個		900個	
合　計	1,100個		1,100個	
月末仕掛品	200個	(0.5)	100個	(0.4)
完成品	900個		1,000個	

(注)　カッコ内の数値は加工進捗度を示している。

2．原価データ

	等級製品A	等級製品B
月初仕掛品原価		
直接材料費	53,000円	97,800円
加工費	138,000円	275,570円
当月製造費用		
直接材料費	958,000円	
加工費	3,690,750円	

3．等価係数

	等級製品A	等級製品B
直接材料費	1.1	1
加工費	1	0.9

4．その他の計算条件

・直接材料はすべて工程の始点で投入されている。

・原価配分は平均法による。

解答・解説

	月末仕掛品原価	完成品総合原価	完成品単位原価
等級製品A	317,600円	2,383,200円	2,648円／個
等級製品B	124,320円	2,388,000円	2,388円／個

まず，直接材料費は次のように配分される。

仕掛品－直接材料費

月初	積数	金額	完成品	積数	金額
A	110	53,000	A	990	475,200
B	200	97,800	B	1,000	480,000
当月	積数	金額	月末	積数	金額
A	1,100	958,000	A	220	105,600
B	900		B	100	48,000
	2,310	1,108,800		2,310	1,108,800

次に，加工費は次のように配分される。

仕掛品－加工費

月初	積数	金額	完成品	積数	金額
A	60	138,000	A	900	1,908,000
B	126	275,570	B	900	1,908,000
当月	積数	金額	月末	積数	金額
A	940	3,690,750	A	100	212,000
B	810		B	36	76,320
	1,936	4,104,320		1,936	4,104,320

平均法であるため，借方の金額合計を積数合計で割って求めた単価を貸方の積数に一括して乗じることで各等級製品の完成品総合原価と月末仕掛品原価を求める。なお，平均法では当月投入分の積数を等級製品別に把握する必要はなく，積数合計さえ把握していればよいため，貸方側から積数合計を求めるのが通例である。

参考として，先入先出法によって原価配分を行う場合の計算結果を示しておく。なお，計算過程で端数が生じるため，最終数値の円未満を四捨五入している。

仕掛品－直接材料費

月初	積数	金額	完成品	積数	金額
A	110	53,000	A	990	475,359
B	200	97,800	B	1,000	480,161
当月	積数	金額	月末	積数	金額
A	1,100	958,000	A	220	105,380
B	900		B	100	47,900
	2,310	1,108,800		2,310	1,108,800

仕掛品－加工費

月初	積数	金額	完成品	積数	金額
A	60	138,000	A	900	1,908,748
B	126	275,570	B	900	1,908,748
当月	積数	金額	月末	積数	金額
A	940	3,690,750	A	100	210,900
B	810		B	36	75,924
	1,936	4,104,320		1,936	4,104,320

この場合，まず，当月製造費用の単価を求め，それを月末仕掛品の積数に乗じることで月末仕掛品原価を求める。そして，借方合計額から月末仕掛品原価を差し引いて完成品総合原価を求めた後に，それを等級製品別に積数の比に基づいて按分しなければならない。先入先出法ではあるが，当月製造費用を当月投入当月完成と月末仕掛品に按分するわけではないことに注意されたい。

学習の記録 ／ ／ ／

17 連産品と副産物

Summary

1 同一の原材料を同一の工程にて加工することで，その原材料から複数の製品が分離して生産される場合，それらを連産品という。なお，分離点までに発生した原価を連結原価（結合原価）という。

2 連結原価の按分方法には物量基準と正常市価基準があり，正常市価基準によれば，各連産品の売上総利益率は等しくなる。

3 分離点後に追加加工費等の個別費が発生する場合，見積価格から見積単位当たり個別費を差し引いた見積正味実現可能額（Net Realized Value：NRV）に基づいて連結原価を各連産品に按分する。なお，この方法によれば，連産品ごとに個別費は異なることから，各連産品の売上総利益率は等しくならない。

4 個別費が発生しても各連産品の売上総利益が等しくなるように連結原価を按分する方法が修正見積正味実現可能額基準である。この方法では，まず全体の売上総利益率を求め，それと各連産品の売上総利益率が等しくなるよう，連結原価を按分する。

5 副産物が生じる場合，評価額を見積もり，次のように処理する。

副産物の発生点が月末仕掛品の加工進捗度より後の場合

完成品総合原価と月末仕掛品原価を求めた後に完成品総合原価から副産物評価額を控除する。

副産物の発生点が月末仕掛品の加工進捗度以前の場合

当月製造費用（または総製造費用）から副産物評価額を控除した金額を完成品と月末仕掛品に按分する。

6 軽微な副産物であれば売却収入を原価計算外の収益とすることもできる。なお，作業くずが生じる場合，副産物と同様に処理する。

□□ **問題** 当工場では，第１工程の始点で素材Ｘを投入し，第１工程の終点で連産品Ａと連産品Ｂおよび副産物Ｃが生じ，第１工程を通じて平均的に作業くずが生じている。そして，第２工程にて各連産品の追加加工を行っている。以下の<資料>にもとづいて，修正見積正味実現可能額基準による場合の各連産品の単位原価を答えなさい。

<資料>

１．生産データ

（１） 素材Ｘ投入量　1,500kg（すべて始点投入）

（２） 連産品生産量

連産品Ａ　200kg

連産品Ｂ　800kg

（３） 副産物Ｃ産出量　100kg

（４） 作業くず産出量　400kg

２．原価データ

（１） 素材Ｘ単位原価　983円／kg

（２） 第１工程加工費　2,576,500円

（３） 第２工程加工費（連産品追加加工費）

連産品Ａ　11,000円／kg

連産品Ｂ　1,000円／kg

３．その他計算条件

（１） 月初と月末に仕掛品と製品の棚卸資産はなかった。

（２） 連産品正常価格

連産品Ａ　30,000円／kg

連産品Ｂ　5,000円／kg

（３） 副産物Ｃ評価額　500円／kgである。

（４） 作業くず評価額　2.5円／kg

作業くずの売却収入は原価計算外の収益とする。

解答・解説

連産品A　21,003円／kg
連産品B　3,500.5円／kg

修正見積正味実現可能額基準による場合，全体の売上総利益率を求め，それと各連産品の売上総利益率が等しくなるように連結原価を按分する。したがって，全体の売上総利益率を求めなければならないが，そのためには，全体の売上原価を求める必要がある。なお，月初と月末に仕掛品や製品の棚卸資産がないため，当月製造費用が当月売上原価となる。

当月製造費用は，直接材料費（素材X消費額）と第1ならびに第2工程加工費から副産物Cの評価額を控除した金額となり，これが当月の売上原価となる。なお，作業くずの評価額については原価計算外の収益とすることから，これを控除してはいけない。

そして，第1工程の終点が分離点となるため，第1工程の終点までに発生した当月製造費用が連結原価となり，次のように計算される。

	素材X消費額	983円／kg	×	1,500kg	=	1,474,500円
	第1工程加工費					2,576,500円
△	副産物C評価額	500円／kg	×	100kg	=	50,000円
						4,001,000円

これを各連産品に按分するが，そのためには第2工程加工費，つまり，各連産品の追加加工費を求めなければならず，次のとおりとなる。

連産品A	11,000円／kg	×	200kg	=	2,200,000円
連産品B	1,000円／kg	×	800kg	=	800,000円
					3,000,000円

これより，全体の売上原価は7,001,000円となる。

また，各連産品の売上高は，連産品Ａが6,000,000円，連産品Ｂが4,000,000円であるから，全体の売上高は10,000,000円であり，全体の売上総利益は2,999,000円，全体の売上総利益率は29.99％となる。そして，各連産品の売上総利益率も29.99％となるように，先に求めた連結原価を各連産品に按分する。

各連産品の売上総利益は，

連産品Ａ　6,000千円　×　0.2999　＝　1,799,400円
連産品Ｂ　4,000千円　×　0.2999　＝　1,199,600円

とならなければならない。よって，連産品Ａへの連結原価按分額をＡ，連産品ＢへのそれをＢとすれば，

6,000千円　－　（Ａ＋2,200,000円）　＝　1,799,400円
4,000千円　－　（Ｂ＋　800,000円）　＝　1,199,600円

が成立するＡとＢが各連産品への連結原価按分額となる。その結果，Ａが2,000,600円，Ｂが2,000,400円となる。これにより，各連産品の売上原価（総合原価）は次のとおりとなる。

連産品Ａ　2,000,600円　＋　2,200,000円　＝　4,200,600円
連産品Ｂ　2,000,400円　＋　800,000円　＝　2,800,400円

ゆえに，各連産品の単位原価は次のとおりとなる。

連産品Ａ　4,200,600円　÷　200kg　＝　21,003円／kg
連産品Ｂ　2,800,400円　÷　800kg　＝　3,500.5円／kg

学習の記録  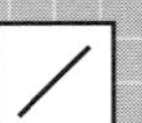 

18 標準原価計算1（標準原価計算の特徴）

Summary

1 『原価計算基準』４（１）２によれば，標準原価は，財貨の消費量を科学的，統計的調査に基づいて能率の尺度となるように予定し，かつ，予定価格または正常価格をもって計算した原価のことをいう。この場合，能率の尺度としての標準とは，その標準が適用される期間において達成されるべき原価の目標を意味する。

2 制度として毎期継続的に実施される原価計算制度には，実際原価計算制度と標準原価計算制度がある。標準原価計算制度では，費目別計算から製品別計算までの必要な計算段階において，標準原価を主要帳簿に組み入れて製品の標準原価を計算する。さらに，実際原価と組み入れられた標準原価との差異を算定し，分析して報告する。

3 『原価計算基準』40によれば，標準原価を算定する目的として，次の４つがあげられている。すなわち，（１）原価管理目的，（２）棚卸資産価額および売上原価算定目的，（３）予算編成目的，（４）記帳の簡略化・迅速化目的である。

4 標準原価計算の手続きとしては，（１）原価標準の設定，（２）標準原価の計算，（３）原価差異の算定と分析，（４）原価報告，（５）原価差異の処理があげられる。

5 標準原価は，（１）原価標準の固定性，（２）標準の厳格度の観点から分類することができる。（１）については，標準原価は，基礎となる価格水準，消費量水準，操業度水準の予測値が変化した場合の固定性の観点から，基準標準原価と当座標準原価に分類される。（２）については，原価標準の基礎になる価格標準，消費量標準および操業度標準の厳格度の観点から，現実的標準原価，正常的標準原価（正常原価），理想標準原価に分類される。次の図表は，厳格度による標準原価の分類を示したものである。

<厳格度による標準原価の分類>

	内　　　容
現実的標準原価	通常の減損，仕損，遊休時間を考慮し，比較的短期の操業度，価格の水準を予定して設定
正常的標準原価（正常原価）	比較的長期の実際数値を統計的に平準化し，これに能率，操業度，価格の趨勢を加味して設定
理想標準原価	減損，仕損，遊休時間を考慮せず，最高能率，最大操業度の下で達成されるものとして設定

6 標準原価計算制度において標準原価を財務会計の主要帳簿に組み入れる方法（勘定記入の方法）には，シングル・プラン，パーシャル・プラン，修正パーシャル・プランがある。

□□ **問題** 以下の（1）から（4）に答えなさい。

（1） 標準原価計算制度において利用される標準原価として，2つの標準原価がある。それらについて説明しなさい。

（2） 原価標準の固定性による分類について説明しなさい。

（3） 標準原価による管理が有効に機能するための前提条件について説明しなさい。

（4） シングル・プランとパーシャル・プランの特徴について，インプット法とアウトプット法との関連性に触れつつ説明しなさい。

解答・解説

（1） 現実的標準原価と正常原価の２つがあげられている。

現実的標準原価とは，良好な能率の下において達成が期待される標準原価である。これは，通常生ずる減損，仕損，遊休時間等の余裕率を含む原価であり，比較的短期の予定操業度，予定価格を前提として設定され，諸条件の変化に伴って改訂されるものである。現実的標準原価は，原価管理に最も適するのみではなく，棚卸資産価額の算定や予算編成にも利用される。

一方，正常原価とは，経営における異常な状態を排除して，比較的長期にわたる過去の実際数値を統計的に平準化し，これに将来の趨勢を加味した正常能率，正常操業度，正常価格を基礎に設定される原価である。正常原価は，経済状態が安定している場合において，棚卸資産価額算定のために最も適するのみではなく，原価管理の標準にも利用される。

参考：標準原価計算制度の位置づけ

参考として，01 原価計算の基礎で述べた内容と関連させて，標準原価計算制度を含む原価計算の全体像を示すと次のようになる。

＜原価計算の全体像＞

広義の原価計算
- 原価計算制度（一定の計算秩序）
  - 実際原価計算制度（実際原価を利用，予定価格等の適用も可能）
  - 標準原価計算制度（標準原価，すなわち現実的標準原価や正常原価を利用）
- 特殊原価調査（必要に応じて実施）

なお，理想標準原価は，原価管理のために利用されることがあるものの，制度としての標準原価には含まれない。

（２）　基準標準原価と当座標準原価とに分類することができる。

基準標準原価とは，生産の基本条件に変化が生じない限り，材料価格や賃率等が変化しても，改訂されずに固定される標準原価である。これは，製造活動における長期的な傾向を把握するための能率測定尺度として利用される。ただし，この原価は，各期間において達成すべき目標を示さないため，毎期の原価管理には通常適さない。

一方，当座標準原価とは，各期間で予想される価格水準，達成すべき消費量水準や操業度水準を基礎として算定される標準原価である。これは，各期間における原価能率の達成目標を示すため，原価管理に有用であるとともに，棚卸資産価額や売上原価の算定にも利用される。

（３）　標準原価による管理が有効に機能するためには，以下の前提条件が必要であると考えられる。第１に，主たる管理対象が直接労務費となっていることである（直接労務費の重要性)。第２に，科学的・統計的調査によって能率の尺度が設定できることである（尺度設定の可能性)。第３に，技術等の製造環境が安定していることである（製造環境の安定性)。

（４）　シングル・プランとは，原価財の消費を標準原価で計算し，財務会計機構に組み入れる方法である。この方法では，原価財を消費した時点で原価差異を分離し，仕掛品勘定の記入をすべて標準原価で行う。このため，通常はインプット法による原価差異の算定と結びつく。

一方，パーシャル・プランとは，製品等の産出を標準原価で計算し，財務会計機構に組み入れる方法である。この方法では，生産量が確定した時点で原価差異を分離し，仕掛品勘定の借方は実際原価で，貸方は標準原価で記入する。このため，通常はアウトプット法による原価差異の算定と結びつく。

19 標準原価計算２（原価差異の分析）

学習の記録 ＞ ／ ／ ／

Summary

1 原価差異とは，実際原価計算制度において，原価の一部を予定価格等で計算した場合における原価と実際発生額との間に生ずる差額，および，標準原価計算制度において，標準原価と実際発生額との間に生ずる差額をいう。

2 直接材料費差異の分析

直接材料費差異＝価格差異＋数量差異

価格差異＝(標準消費価格－実際消費価格)×実際消費数量

数量差異＝(標準消費数量－実際消費数量)×標準消費価格

3 直接労務費差異の分析

直接労務費差異＝賃率差異＋時間差異

賃率差異＝(標準賃率－実際賃率)×実際作業時間

時間差異＝(標準作業時間－実際作業時間)×標準賃率

4 製造間接費差異の分析

（1） 変動予算（公式法）による差異分析

二分法（管理可能差異，管理不能差異），三分法（予算差異，能率差異，操業度差異），　四分法（予算差異，変動費能率差異，固定費能率差異，不動能力差異）等がある。

（2） 固定予算による差異分析

予算差異，操業度差異，能率差異に区分して分析する。

5 標準原価計算制度では，費目別計算から製品別計算までの必要な計算段階において，標準原価を主要帳簿に組み入れて製品の標準原価を計算する。また，実際原価と組み入れられた標準原価との差異を算定し，分析して報告する。

□□ **問題** 以下の<資料>にもとづいて，（1）から（3）に答えなさい。なお，有利差異の場合は（F），不利差異の場合は（U）を付すこと。

<資料>

1．標準原価カード

① 直接材料費（製品1個当たり）

	製品X			製品Y		
直接材料費	消費数量 4 kg	消費価格 @13円	直接材料費標準 52円	消費数量 6 kg	消費価格 @13円	直接材料費標準 78円

② 直接労務費（製品1個当たり）

	製品X			製品Y		
直接労務費	作業時間 2時間	賃率 @110円	直接労務費標準 220円	作業時間 4時間	賃率 @110円	直接労務費標準 440円

③ 製造間接費予算（公式法変動予算）

基準作業時間　80時間　　変動費予算　1,600円

　　　　　　　　　　　　固定費予算　2,560円

2．当月の状況

① 実際の生産状況と各材料価格

	実際消費数量	消費価格
製品X	90kg	@14円
製品Y	75kg	@16円
計	165kg	

② 当月実際原価

実際直接材料費　　各自推定

	X製品	Y製品
実際直接労務費	4,830円	5,175円
（上記にかかる実際作業時間）	（42時間）	（45時間）
製造間接費	4,500円	

③ 当月生産データ

	X製品	Y製品
完成品	20個	12個

（1） 当月における製品別の価格差異と数量差異を求めなさい。
（2） 当月における製品別の賃率差異と時間差異を求めなさい。
（3） 当月における製造間接費差異を，四分法により求めなさい。

解答・解説

（1）

	価格差異	数量差異
製品X	90円（U）	130円（U）
製品Y	225円（U）	39円（U）

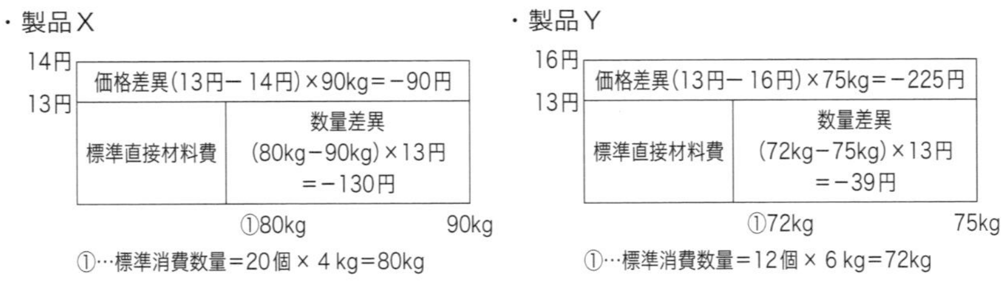

製品Xと製品Yには同一の原材料（@13円）が使用されているにもかかわらず，例えば購買部門による仕入のタイミング等によっては，本問のように異なる単価（@14円と@16円）になることがある。責任会計上，このような価格差異の違いは購買部門の責任であって，製造部門が責任を負うべきではないと指摘されることがある。このようなデメリットを解消するため，購買部門で材料受入価格差異として早期に価格差異を認識させて，製造部門にその影響を及ぼさない方法を採用するほうが望ましい。過去に本試験で理論・計算双方で出題されていることから確認されたい。

（2）

	賃率差異	時間差異
製品X	210円（U）	220円（U）
製品Y	225円（U）	330円（F）

・製品X

②115円 / 110円	賃率差異(110円−115円)×42時間=−210円	
	標準直接労務費	時間差異 (40時間−42時間)×110円 =−220円
	①40時間	42時間

①…標準労働時間=20個×2時間=40時間
②…実際賃率=4,830円÷42時間=115円/時間

・製品Y

②115円 / 110円	賃率差異(110円−115円)×45時間=−225円	
	標準直接労務費	時間差異 (48時間−45時間)×110円 =330円
	①48時間	45時間

①…標準労働時間=12個×4時間=48時間
②…実際賃率=5,175円÷45時間=115円/時間

(3) 予算差異　200円(U)　固定費能率差異　32円(F)
変動費能率差異　20円(F)　不働能力差異　224円(F)

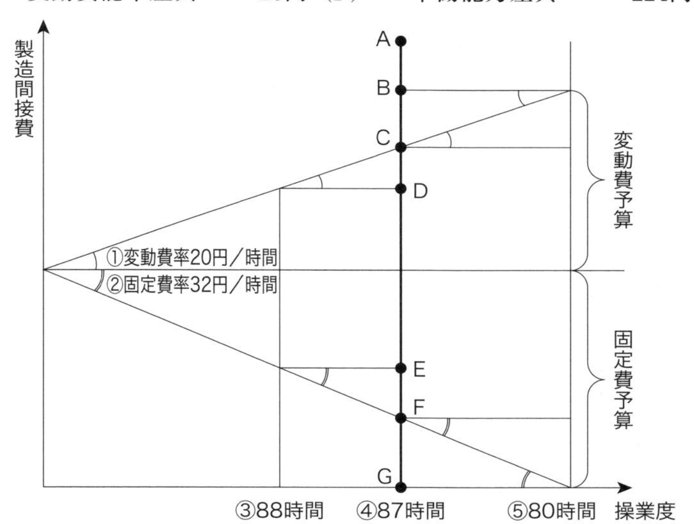

①…変動費率=変動費予算1,600円÷基準操業度80時間=20円/時間
②…固定費率=固定費予算2,560円÷基準操業度80時間=32円/時間
③…標準操業度=製品X標準作業時間40時間+製品Y標準作業時間48時間=88時間
④…実際操業度=製品X実際作業時間42時間+製品Y標準作業時間45時間=87時間
⑤…基準操業度=基準作業時間80時間

予算差異=(20円/時間×87時間+固定費予算2,560円)−4,500円
=△200円
変動費能率差異=(88時間−87時間)×20円/時間=20円
固定費能率差異=(88時間−87時間)×32円/時間=32円
不働能力差異=(87時間−80時間)×32円/時間=224円

学習の記録 ／ ／ ／

20 標準原価計算３（減損・仕損がある場合）

Summary

1 標準原価計算においても，実際原価計算と同様に正常減損や正常仕損の発生を考慮して計算することができる。**11** 総合原価計算２で説明したように，減損とは，製品の加工中における蒸発，粉散等によって製品にならない部分が発生することをいい，これに関連して発生する原価を減損費という。また，仕損とは，製品の仕様や品質等の規格に適合しない不合格品（仕損品）が発生することをいい，これに関連して発生する原価を仕損費という。通常の範囲で発生する正常減損費や正常仕損費は，製品原価の中に含めて計算する。

2 標準原価計算において正常減損（正常仕損）を考慮する方法には，次の２つがある。１つは，正常減損費（正常仕損費）を明確に区分して把握せず，標準原価カードで示される製品１単位当たりの消費数量や消費時間数を正常減損（正常仕損）の分だけ増加させて計算する方法である。この方法は，第１法と呼ばれるものであり，正常減損（正常仕損）度外視法による計算を行うものといえる。もう１つは，正常減損費（正常仕損費）を明確に分けて計算する方法である。この方法は，第２法と呼ばれるものであり，正常減損（正常仕損）非度外視法による計算を行うものといえる。

3 第１法では，正常減損費（正常仕損費）を区分して把握しないために，正常減損（正常仕損）の発生パターンを計算結果に反映させることができない。また，第１法では，通常の程度を超えて発生し製品原価に含められない異常減損費（異常仕損費）を把握することができない。そのため，第１法よりも第２法の方が，より正確な計算結果が得られるといわれている。

□□ **問題** 以下の<資料>にもとづいて，（1）から（3）に答えなさい。なお，有利差異の場合は（F），不利差異の場合は（U）を付すこと。

<資料>

1．製品1個の標準原価

直接材料費	3,000円／kg	×	4 kg	12,000円
加　工　費	4,500円／時間	×	4時間	18,000円
				30,000円

2．生産データ

月初仕掛品	500個（0.4）
月末仕掛品	400個（0.8）
当月完成	1,500個

（注） カッコ内は加工進捗度を表している。材料は工程の始点ですべて投入している。

3．当月実際原価

直接材料費	18,331,200円
加　工　費	31,174,600円
	49,505,800円

（注） 記帳方法はパーシャル・プランを採用する。

（1） 減損の発生を無視した場合，当月の完成品総合原価と原価差異の総額を計算しなさい。

（2） 正常減損の発生率を良品の5％と想定し，第1法を採用した場合，当月の完成品総合原価と原価差異の総額を計算しなさい。

（3） 正常減損の発生率を良品の5％と想定し，第2法を採用した場合，当月の完成品総合原価と原価差異の総額を計算しなさい。なお，正常減損は工程の終点で発生する。また，当月の減損の発生量は100個であった。

解答・解説

（1） 完成品総合原価　45,000,000円

原価差異の総額　3,545,800円（U）

仕掛品－直接材料費

月初　500個 6,000,000円	完成　1,500個 18,000,000円
当月　1,400個 18,331,200円	原価差異 1,531,200円
	月末　400個 4,800,000円

（注）上記はパーシャル・プランで表示

仕掛品－加工費

月初　200個 3,600,000円	完成　1,500個 27,000,000円
当月　1,620個 31,174,600円	原価差異 2,014,600円
	月末　320個 5,760,000円

（2） 完成品総合原価　47,250,000円

原価差異の総額　1,247,800円（U）

仕掛品－直接材料費

月初　500個 6,300,000円	完成　1,500個 18,900,000円
当月　1,400個 18,331,200円	原価差異 691,200円
	月末　400個 5,040,000円

（注）上記はパーシャル・プランで表示

仕掛品－加工費

月初　200個 3,780,000円	完成　1,500個 28,350,000円
当月　1,620個 31,174,600円	原価差異 556,600円
	月末　320個 6,048,000円

製品1個の標準原価（正常減損率5％を反映）

直接材料費	3,000円／kg	×	4 kg	×1.05	12,600円
加　工　費	4,500円／時間	×	4時間	×1.05	18,900円
					31,500円

（3）　完成品総合原価　47,250,000円

原価差異の総額　　545,800円（U）

仕掛品－直接材料費

借方	貸方
月初　500個　6,000,000円	完成　1,500個　18,000,000円
当月　1,500個　18,331,200円	正常減損　75個　900,000円
	異常減損　25個　300,000円
	原価差異　331,200円
	月末　400個　4,800,000円

仕掛品－加工費

借方	貸方
月初　200個　3,600,000円	完成　1,500個　27,000,000円
当月　1,720個　31,174,600円	正常減損　75個　1,350,000円
	異常減損　25個　450,000円
	原価差異　214,600円
	月末　320個　5,760,000円

（注）　上記はパーシャル・プランで表示

正常減損の発生量＝1,500個×5％＝75個

異常減損の発生量＝100個－75個＝25個

正常減損費＝900,000円＋1,350,000円＝2,250,000円

完成品総合原価＝18,000,000円＋27,000,000円＋2,250,000円

＝47,250,000円＝（2）と同じ結果

学習の記録 ＞ ／ ／ ／

21 標準原価計算４（配合差異と歩留差異）

Summary

1 標準原価計算における直接材料費の差異は，標準材料単価と実際材料単価の差を基礎とする価格差異と，標準材料消費量と実際材料消費量の差を基礎とする数量差異に分解することができる。さらに，複数の材料を消費する場合，数量差異は，配合差異と歩留差異に分解することができる。

2 配合差異とは，数量差異のうち，消費材料の標準配合割合と実際配合割合との差を基礎とする部分をいう。これに対して，歩留差異とは，数量差異のうち，標準歩留と実際歩留との差を基礎とする部分をいう。次の図表は，２種類の材料（Ａ材料とＢ材料）を消費する場合での，配合差異，歩留差異，数量差異の関係について表現したものである。

<配合差異，歩留差異，数量差異>

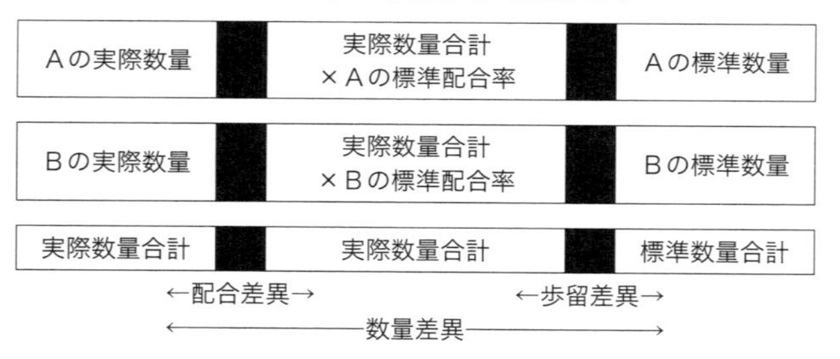

□□ **問題** 以下の<資料>にもとづいて，（1）から（4）に答えなさい。なお，有利差異の場合は（F），不利差異の場合は（U）を付すこと。

<資料>

1．製品9kgの標準原価（直接材料費のみ）

A材料	4,000円／kg	×	6kg	24,000円
B材料	3,000円／kg	×	4kg	12,000円
				36,000円

2．当月実際原価（直接材料費のみ）

A材料	4,100円／kg	×	1,705kg	6,990,500円
B材料	2,950円／kg	×	1,395kg	4,115,250円
				11,105,750円

3．その他の計算条件

・当月の製品の実際生産数量は2,700kgである。

・月初仕掛品と月末仕掛品はゼロである。

（1） 価格差異の合計，およびその内訳（A材料とB材料）を計算しなさい。

（2） 数量差異の合計，およびその内訳（A材料とB材料）を計算しなさい。

（3） 配合差異の合計，およびその内訳（A材料とB材料）を計算しなさい。

（4） 歩留差異の合計，およびその内訳（A材料とB材料）を計算しなさい。

解答・解説

（１）　価格差異　100,750円（U）
　　　　うちA材料　170,500円（U）
　　　　うちB材料　69,750円（F）
（２）　数量差異　205,000円（U）
　　　　うちA材料　380,000円（F）
　　　　うちB材料　585,000円（U）

標準数量合計＝2,700kg÷（９kg／10kg）＝3,000kg
うちA材料＝3,000kg×（６kg／10kg）＝1,800kg
うちB材料＝3,000kg×（４kg／10kg）＝1,200kg

A材料

B材料

価格差異＝170,500円（U）＋69,750円（F）＝100,750円（U）
数量差異＝380,000円（F）＋585,000円（U）＝205,000円（U）

（３） 配合差異　155,000円（F）
うちＡ材料　620,000円（F）
うちＢ材料　465,000円（U）

（４） 歩留差異　360,000円（U）
うちＡ材料　240,000円（U）
うちＢ材料　120,000円（U）

実際数量合計＝1,705kg＋1,395kg＝3,100kg

Ａの実際数量	実際数量合計 ×Ａの標準配合率	Ａの標準数量
1,705kg	3,100kg×（６kg／10kg） ＝1,860kg	1,800kg

配合差異
1,860kgと1,705kgの差
620,000円（F）

歩留差異
1,800kgと1,860kgの差
240,000円（U）

Ｂの実際数量	実際数量合計 ×Ｂの標準配合率	Ｂの標準数量
1,395kg	3,100kg×（４kg／10kg） ＝1,240kg	1,200kg

配合差異
1,240kgと1,395kgの差
465,000円（U）

歩留差異
1,200kgと1,240kgの差
120,000円（U）

配合差異＝620,000円（F）＋465,000円（U）＝155,000円（F）
歩留差異＝240,000円（U）＋120,000円（U）＝360,000円（U）

学習の記録 ／ ／ ／

22 直接原価計算1（直接原価計算方式の損益計算書）

Summary

1 直接原価計算とは，経常的な損益計算書上で，原価・費用を変動費と固定費に分類し，売上高から変動費を差し引いて貢献利益（限界利益という場合もある）を計算し，そこから固定費を差し引いて営業利益を計算する損益計算システムである。これにより，経常的に作成する損益計算書から原価－営業量－利益分析（CVP分析）やセグメント別の収益性分析に必要な情報を，特別な調査をすることなく迅速に得ることができる。

2 直接原価計算方式の損益計算書のひな形は以下のとおりである。

＜直接原価計算方式の損益計算書＞

売上高		×××
変動売上原価		×××
変動製造マージン		×××
変動販売費		×××
貢献利益		×××
固定製造原価	×××	
固定販売費及び一般管理費	×××	×××
営業利益		×××

□□ **問題** 当社は製品Xのみを製造・販売している。以下の<資料>にもとづいて，直接原価計算方式の損益計算書を作成しなさい。期末仕掛品および製品原価の計算は平均法を用いること。

<資料>

	生産データ（個）	直接材料費（円）	変動加工費（円）	合計（円）
期首仕掛品	3,000（0.5）	90,000	15,600	105,600
当期投入	9,000	315,000	119,700	434,700
合計	12,000	405,000	135,300	540,300
期末仕掛品	2,000（0.5）			
当期完成品	10,000			

（注） カッコ内は加工進捗度

販売データ		原価データ	
期首製品	2,000個	固定加工費	620,000円
当期完成品	10,000個	変動販売費	45,000円
合計	12,000個	固定販売費	128,000円
期末製品	3,000個	一般管理費（固定費）	168,000円
当期売上品	9,000個		

・売上高　1,620,000円

・期首製品棚卸高（変動費のみ）　91,500円

・直接材料は工程の始点ですべて投入される。

解答・解説

期末仕掛品原価の計算

直接材料費　$(90{,}000円 + 315{,}000円) \times \dfrac{2{,}000個}{10{,}000個 + 2{,}000個} = 67{,}500円$

変動加工費　$(15{,}600円 + 119{,}700円) \times \dfrac{2{,}000個 \times 0.5}{10{,}000個 + 2{,}000個 \times 0.5} = 12{,}300円$

期末仕掛品原価　$67{,}500円 + 12{,}300円 = 79{,}800円$

当期完成品原価　$405{,}000円 + 135{,}300円 - 79{,}800円 = 460{,}500円$

期末製品原価　$(91{,}500円 + 460{,}500円) \times \dfrac{3{,}000個}{9{,}000個 + 3{,}000個} = 138{,}000円$

固定加工費と固定販売費，一般管理費は期間原価として全額を費用として計上する。

参考：CVP分析との関連性

直接原価計算方式の損益計算書では，原価－営業量－利益の関連性の分析に必要な情報が入手できる。参考として，変動費率と貢献利益率を計算すると次のようになる。

$$変動費率 = (414{,}000円 + 45{,}000円) \div 1{,}620{,}000円$$
$$= 0.2833\cdots \fallingdotseq 28\%$$
$$貢献利益率 = 1{,}161{,}000円 \div 1{,}620{,}000円$$
$$= 0.7166\cdots \fallingdotseq 72\%$$

また，上記の貢献利益率（72%）を用いて損益分岐点の売上高を計算すると次のようになる。

$$損益分岐点の売上高 = 916{,}000円 \div 72\% = 1{,}272{,}222.22\cdots円$$

よって，売上高が1,272,223円以上であれば，利益が生じることがわかる。

損益計算書　　（単位：円）

Ⅰ　売上高		1,620,000
Ⅱ　変動売上原価		
1．期首製品棚卸高	91,500	
2．当期製品製造原価	460,500	
合計	552,000	
3．期末製品棚卸高	138,000	414,000
変動製造マージン		1,206,000
Ⅲ　変動販売費		45,000
貢献利益		1,161,000
Ⅳ　固定費		
1．加工費	620,000	
2．販売費	128,000	
3．一般管理費	168,000	916,000
営業利益		245,000

学習の記録    

23 直接原価計算2（固定費調整）

Summary

1 経営管理上は有用な直接原価計算であるが，これを外部に公開する財務諸表に用いることはできない。そのため，直接原価計算で内部的に損益計算書を作成する場合には，直接原価計算での営業利益を，全部原価計算の営業利益に調整しなければならない。その調整を固定費調整という。

2 当期の固定製造原価をF_c，期首製品に含まれる固定製造原価をF_b，期首製品在庫量をI_b，期末製品在庫量をI_e，当期の販売量をS，当期の製造量をMとする。ころがし調整法という方法で直接原価計算による営業利益に加算される固定費調整の金額は，棚卸資産原価の評価方法，つまり，製品の払出の仮定によって異なる。それは，次のようになる。期末製品に含まれる固定製造原価の方が大きい場合（すなわち次式がプラスになる場合），その差額を直接原価計算の営業利益に加算すると全部原価計算の営業利益が求められる。逆に，期末製品に含まれる固定製造原価の方が小さい場合（すなわち次式がマイナスになる場合），その差額を直接原価計算の営業利益から減算すると全部原価計算の営業利益が求められる。

（平均法の場合）

$$\frac{F_b+F_c}{S+I_e}\cdot I_e-F_b$$

（先入先出法の場合）

$$\frac{F_c}{M}\cdot I_e-F_b$$

□□ **問題** 当社では，製品Xのみを製造・販売している。直接原価計算方式を採用している。以下の<資料>にもとづいて，（1）と（2）に答えなさい。

<資料>

生産・販売データ

期首製品	300個	販売単価	600円／個
当期完成品	3,200個	当期販売量	3,000個
期末製品	500個		

変動費のデータ		固定費のデータ	
直接材料費	150円／個	固定加工費	384,000円
変動加工費	50円／個	固定販売費	157,000円
変動販売費	20円／個	一般管理費	215,000円

・期首製品原価（変動費のみ） 63,000円
・全部原価計算の場合に期首製品に含まれる単位当たりの固定費 122円／個
・期首期末に仕掛品はない。製品の払出は先入先出法である。

（1） 直接原価計算方式の損益計算書を作成しなさい。

（2） 上記（1）の営業利益を全部原価計算の営業利益に調整しなさい。

解答・解説

（1） 期末製品の製造原価（変動費のみ）は，（150円／個＋50円／個）×500個＝100,000円である。固定加工費，固定販売費，一般管理費は期間原価として一括して費用として計上する。

損益計算書 （単位：円）

Ⅰ 売上高		1,800,000
Ⅱ 変動売上原価		
1．期首製品棚卸高	63,000	
2．当期製品製造原価	640,000	
合計	703,000	
3．期末製品棚卸高	100,000	603,000
変動製造マージン		1,197,000
Ⅲ 変動販売費		60,000
貢献利益		1,137,000
Ⅳ 固定費		
1．加工費	384,000	
2．販売費	157,000	
3．一般管理費	215,000	756,000
営業利益		381,000

（2） 全部原価計算の営業利益 404,400円

製品の払出が先入先出法であるので，固定費調整は次のようになる。

$$\frac{384{,}000\text{円}}{3{,}200\text{個}} \times 500\text{個} - 122\text{円／個} \times 300\text{個} = 23{,}400\text{円}$$

全部原価計算の営業利益＝381,000円＋23,400円＝404,400円

参考：期首棚卸資産と期末棚卸資産に含まれる固定製造原価

固定費調整においては，期首棚卸資産に含まれる固定製造原価と期末棚卸資産に含まれる固定製造原価の大小関係により，全部原価計算の営業利益が直接原価計算の営業利益よりも大きくなったり，逆に小さくなったりする。これについて整理すると次のようになる。

期末棚卸資産の固定製造原価　＞　期首棚卸資産の固定製造原価

この場合，棚卸資産に含まれる固定製造原価が大きくなるので，全部原価計算の営業利益の方が大きくなる。本問の設定はこのケースにあたる。すなわち，

全部原価計算の営業利益　404,400円

＝直接原価計算の営業利益　381,000円

＋期末製品の固定製造原価　60,000円……A

－期首製品の固定製造原価　36,600円……B

そのため，AとBの差額（23,400円）だけ，全部原価計算の営業利益は直接原価計算の営業利益よりも大きくなる。

期末棚卸資産の固定製造原価　＜　期首棚卸資産の固定製造原価

この場合，棚卸資産に含まれる固定製造原価が小さくなるので，全部原価計算の営業利益の方が小さくなる。

学習の記録 ＞ ／ ／ ／

24 工場会計の独立

Summary

1 工場会計の独立とは，工場における会計を本社における会計から独立させることを意味し，工場は本社の帳簿から分離した工場独自の帳簿を保有して会計を実行する。

2 従来，工場規模が大きい場合や本社から遠距離である場合等に効率的に会計処理するために工場会計を独立していたが，今日的には，工場に管理機能に関する権限を委譲し，工場が独自にその効率について財務的に評価できることに工場会計の独立の意義がある。

3 本社と工場が関連する取引は，本社は工場勘定，工場は本社勘定を利用して会計処理する。工場勘定と本社勘定は，本社と工場間の内部的な債権・債務を表す勘定なので常に貸借逆に残高が一致する。これらの残高に差がある場合は，一方だけが会計処理しており，他方が未処理である取引（未達取引）が存在することを示唆している。

4 工場で製造した製品は，本社に送付したり，取引先に工場から直送したりするが，いずれの場合も，工場の会計では本社に製品を振り替えたものとして会計処理する。

5 製品の本社への振替においては，製造原価で振り替える場合と製造原価に一定の利益を加算した振替価格を利用して振り替える場合がある。後者においては，製品を本社に送付（販売）することによって利益が計上され，これを工場の業績評価に利用することができる。

6 振替価格によって製品を本社に振り替える場合には，工場では内部的に付加した利益が計上される。内部利益を付加した棚卸資産が期末に存在する場合には，対応する利益を繰延内部利益勘定によって繰り延べる。

□□ **問題 1** 以下の取引について，工場から本社への製品の振替を（1）原価で行うケースと（2）原価に10%の利益を付加した振替価格で行うケースについて，工場における仕訳を示しなさい。なお，④については（2）においてのみ解答すること。

① 本社は，掛で仕入れた材料2,000千円を工場に仕入先から直送した。
② 本社から，工場の工員に対する賃金5,000千円を支払った旨の連絡があった。なお，本社は当座預金口座から支払った。
③ 月次決算において，当月に本社へ振り替えた製品の製造原価が合計22,000千円であることが判明した。なお，製品は工場から取引先に直送しており，取引先への当月の販売額（すべて掛で販売）は30,000千円であった。
④ 工場における月次損益の2,200千円を本社に引き継いだ。

□□ **問題 2** 工場は本社に対して20%の利益を付して製品を振り替えている。月初および月末の製品等の棚卸高は次のとおりである（単位は円）。月次決算において総合損益を確定するために未実現利益について処理する。繰延内部利益勘定を利用していることを前提に必要な仕訳を示しなさい。なお，本社の在庫はすべて工場から送付されたものであり，月初の製品棚卸高はすべて当月に販売された。

月初棚卸高：	材　料	仕掛品	製　品
本　社	－	－	54,000
工　場	24,000	39,600	48,000
月末棚卸高：			
本　社	－	－	60,000
工　場	26,400	40,000	66,000

解答・解説

問題 1

（1） 原価で行うケース

（単位：千円）

	借方科目	金額	貸方科目	金額
①	材　　料	2,000	本　　社	2,000
②	賃　　金	5,000	本　　社	5,000
③	本　　社	22,000	製　　品	22,000

①では，工場は材料の受入れと本社への内部的な債務（本社勘定）を記録する。これに対応する本社の仕訳は以下のとおりである。

(借)	工　　場	2,000	(貸)	買　掛　金	2,000

②では，工場は本社が支払った賃金と内部的な債務を記録する。これに対応する本社の仕訳は以下とおりである。

(借)	工　　場	5,000	(貸)	当座預金	5,000

③では，製品の減少を認識し，本社への債務を減少させる。本社では，工場から取引先に直送された製品に関する売上原価と売上（掛売りとする）を認識し，それぞれを月次損益勘定に振り替える。

(借)	売上原価	22,000	(貸)	工　　場	22,000
(借)	売　掛　金	30,000	(貸)	売　　上	30,000
(借)	月次損益	22,000	(貸)	売上原価	22,000
(借)	売　　上	30,000	(貸)	月次損益	30,000

（2） 原価に10%の利益を付加した振替価格で行うケース

①と②は（1）原価で行うケースと同様なので省略する。

（単位：千円）

	借方科目	金額	貸方科目	金額
③	本社売上原価	22,000	製　　品	22,000
	本　　社	24,200	本社売上	24,200
	月次損益	22,000	本社売上原価	22,000
	本社売上	24,200	月次損益	24,200
④	月次損益	2,200	本　　社	2,200

③工場が利益を付して製品を送付（販売）している場合には，本社売上原価および本社売上を工場において記録する。本社への売上を記録するとともに，内部的債務の減少を本社勘定に記録する。これに対応して，本社では，以下のように売上原価と売上（掛売りとする）を認識する。

(借)	売上原価	24,200	(貸) 工場	24,200
(借)	売掛金	30,000	(貸) 売上	30,000
(借)	月次損益	24,200	(貸) 売上原価	24,200
(借)	売上	30,000	(貸) 月次損益	30,000

④では，工場の月次損益を本社に引き継ぐために本社勘定に振り替える。これに対応して，本社は次のように工場の月次損益を総合損益勘定に振り替える。また，本社の月次損益（5,800千円と仮定する）も総合損益勘定に振り替える。

(借)	工場	2,200	(貸) 総合損益	2,200
(借)	月次損益	5,800	(貸) 総合損益	5,800

問題 2

（単位：円）

借方科目	金額	貸方科目	金額
繰延内部利益	9,000	繰延内部利益戻入	9,000
繰延内部利益控除	10,000	繰延内部利益	10,000

内部利益が含まれるのは工場から本社への製品の送付（販売）だけなので，本社における製品棚卸高にのみ未実現利益が含まれる。本社の製品棚卸高に含まれる未実現の内部利益は以下のとおりである。

月初製品棚卸高　54,000円×0.2／1.2＝9,000円

月末製品棚卸高　60,000円×0.2／1.2＝10,000円

これらについて，上掲の仕訳によって前月末に繰り延べられた内部利益を戻し入れ（すなわち，当期実現したものとし），月末棚卸高に含まれる内部利益を繰り延べる。

25 総合問題1（部門別個別原価計算）

□□ **問題** 当社では部門別実際個別原価計算を採用しており，製造部門として加工部門と組立部門を，補助部門として修繕部門と工場事務部門を有している。以下の<資料>にもとづいて，（1）から（3）に答えなさい。

<資料>

1．当月に製造を行った製造指図書は次のとおりである。

No. 11：前月から着手（繰越額325,000円），当月中に完成・引渡

No. 12：当月から着手，一部で正常な仕損が発生し，補修指図書No. 12-1を発行して補修，当月中に完成・引渡

No. 12-1：No. 12に対する補修

No. 13：当月から着手，すべてが正常な仕損となったため，代品指図書No. 13-2を発行

No. 13-2：No. 13に対する代品指図書，来月完成予定

なお，仕損品評価額はゼロである。

2．直接材料費の計算には予定価格200円／kgを用いており，当月の製造指図書ごとの消費量は次のとおりである。なお，当月の直接材料費実際発生額は142,000円であった。

No. 11	No. 12	No. 12-1	No. 13	No. 13-2
100kg	350kg	20kg	80kg	140kg

3．直接労務費の計算には予定賃率を用いており，加工部門の予定賃率は800円／時間，組立部門の予定賃率は900円／時間である。なお，当月の実際直接作業時間は次のとおりである。また，当月の直接労務費実際発生額は加工部門が271,000円，組立部門が335,000円であった。

	No. 11	No. 12	No. 12-1	No. 13	No. 13-2
加工部門	40時間	120時間	20時間	60時間	90時間
組立部門	70時間	160時間	30時間	35時間	80時間

4．今年度の各部門の製造間接費年間予算額は次のとおりである。

加工部門	組立部門	修繕部門	工場事務部門
3,000,000円	3,600,000円	1,850,000円	1,500,000円

5．製造間接費は加工部門，組立部門ともに直接作業時間にもとづいて予定配賦している。なお，年間予定直接作業時間は加工部門が4,000時間，組立部門が5,000時間である。

6．補助部門費の配賦には直接配賦法が用いられており，修繕部門費は修繕回数，工場事務部門費は従業員数にもとづいて配賦している。なお，年間予定修繕回数は加工部門が60回，組立部門が40回であり，年間予定従業員数は加工部門が23人，組立部門が27人である。

7．当月の各部門における製造間接費実際発生額は次のとおりである。

加工部門	組立部門	修繕部門	工場事務部門
275,000円	316,000円	156,000円	117,000円

（1） 加工部門費と組立部門費の予定配賦率を求めなさい。

（2） 原価計算表を完成させなさい。

（3） 直接材料費，直接労務費，製造間接費の原価差異を求めなさい。なお，有利差異の場合は（F），不利差異の場合は（U）を付すこと。

解答・解説

（1） 加工部門費予定配賦率　1,200円／時間

　　 組立部門費予定配賦率　1,030円／時間

部門費予算配賦表（直接配賦法）　（単位：円）

費目	合計	製造部門		補助部門	
		加工部門	組立部門	修繕部門	工場事務部門
部門費計	9,950,000	3,000,000	3,600,000	1,850,000	1,500,000
修繕部門費	1,850,000	1,110,000	740,000		
工場事務部門費	1,500,000	690,000	810,000		
配賦額計	3,350,000	1,800,000	1,550,000		
製造部門費合計	9,950,000	4,800,000	5,150,000		

加工部門費予定配賦率＝4,800,000円÷4,000時間＝1,200円／時間

組立部門費予定配賦率＝5,150,000円÷5,000時間＝1,030円／時間

（2）

原価計算表　（単位：円）

製造指図書	No. 11	No. 12	No. 12-1	No. 13	No. 13-2	合計
前月繰越	325,000	−	−	−	−	325,000
直接材料費	20,000	70,000	4,000	16,000	28,000	138,000
直接労務費						
加工部門	32,000	96,000	16,000	48,000	72,000	264,000
組立部門	63,000	144,000	27,000	31,500	72,000	337,500
製造間接費						
加工部門	48,000	144,000	24,000	72,000	108,000	396,000
組立部門	72,100	164,800	30,900	36,050	82,400	386,250
仕損費振替額		101,900	△101,900	△203,550	203,550	
合計	560,100	720,700	0	0	565,950	1,846,750
備考	完成引渡	完成引渡	No. 12へ	No. 13-2へ	仕掛中	

参考として，本問の原価計算表をもとに作成した仕掛品勘定を示すと次のようになる。

仕　掛　品

前月繰越	325,000	製品	1,280,800
直接材料費	138,000	次月繰越	565,950
直接労務費加工部門	264,000		
直接労務費組立部門	337,500		
製造間接費加工部門	396,000		
製造間接費組立部門	386,250		
	1,846,750		1,846,750

（3）

直接材料費差異　4,000円（U）

直接労務費差異　4,500円（U）

製造間接費差異　81,750円（U）

直接材料費差異

138,000円－142,000円＝△4,000円

直接労務費差異

加工部門：264,000円－271,000円＝△7,000円

組立部門：337,500円－335,000円＝2,500円

加工部門△7,000円＋組立部門2,500円＝△4,500円

製造間接費差異

全体の予定配賦額＝396,000円＋386,250円＝782,250円

全体の実際発生額＝275,000円＋316,000円＋156,000円＋117,000円

＝864,000円

製造間接費差異＝782,250円－864,000円＝△81,750円

学習の記録    

26 総合問題2（総合原価計算）

□□ **問題** 以下の資料にもとづいて，（1）から（3）に答えなさい。減損はすべて正常なものである。また，工程別総合原価計算の方法は累加法によること。

＜資料＞

1．生産データ

	第1工程	第2工程
月初仕掛品	500個（0.4）	500個（0.4）
当月投入	1,500個	1,500個
合計	2,000個	2,000個
減損	100個（？）	100個（？）
月末仕掛品	400個（0.5）	400個（0.4）
当月完成	1,500個	1,500個

（注1） カッコ内は加工進捗度を表している。
（注2） 減損の発生は各問の指示に従うこと。

2．原価データ（第1工程）

	直接材料費（A材料）	加工費
月初仕掛品	806,000円	424,380円
当月投入	2,424,000円	3,294,370円
	3,230,000円	3,718,750円

（注1） 棚卸資産の評価方法は平均法を採用している。
（注2） 第1工程の始点でA材料をすべて投入する。

3．原価データ（第２工程）

	前工程費	直接材料費（B材料）
月初仕掛品	1,875,000円	0円
当月投入	？　円	1,956,000円
	？　円	1,956,000円

	加工費
月初仕掛品	359,000円
当月投入	2,808,000円
	3,167,000円

（注１）棚卸資産の評価方法は先入先出法を採用している。
（注２）第２工程の加工進捗度60％の時点でB材料をすべて投入する。

（1）第１工程の減損が工程を通じて平均的に発生している場合，第１工程の月末仕掛品原価と工程完了品原価の金額を計算しなさい。度外視法を採用すること。

（2）第１工程の減損が工程を通じて平均的に発生している場合，第１工程の月末仕掛品原価と工程完了品原価の金額を計算しなさい。非度外視法を採用すること。

（3）上記（2）を基礎とし，かつ，第２工程の減損が工程の終点で発生している場合，第２工程の月末仕掛品原価，および，完成品総合原価の金額を計算しなさい。非度外視法を採用すること。なお，第２工程の加工費にかかわる完成品換算量の計算には，追加材料（B材料）の投入量を考慮しないものとする。

解答・解説

（1）　第１工程月末仕掛品原価　1,117,500円

　　　第１工程完了品原価　　　5,831,250円

第１工程仕掛品－直接材料費

借方	貸方
月初　500個　806,000円	完了　1,500個　2,550,000円
当月　1,400個　2,424,000円	
	減損
	月末　400個　680,000円

第１工程仕掛品－加工費

借方	貸方
月初　200個　424,380円	完了　1,500個　3,281,250円
当月　1,500個　3,294,370円	
	減損
	月末　200個　437,500円

（2）　第１工程月末仕掛品原価　1,102,500円

　　　第１工程完了品原価　　　5,846,250円

第１工程仕掛品－直接材料費

借方	貸方
月初　500個　806,000円	完了　1,500個　2,422,500円
当月　1,500個　2,424,000円	
	減損　100個　161,500円
	月末　400個　646,000円

第１工程仕掛品－加工費

借方	貸方
月初　200個　424,380円	完了　1,500個　3,187,500円
当月　1,550個　3,294,370円	
	減損　50個　106,250円
	月末　200個　425,000円

第１工程の正常減損費＝161,500円＋106,250円＝267,750円

第１工程正常減損費の月末仕掛品負担分

＝267,750円÷（1,500個＋200個）×200個＝31,500円

第１工程正常減損費の工程完了品負担分

＝267,750円÷（1,500個＋200個）×1,500個＝236,250円

第１工程月末仕掛品原価

＝646,000円＋425,000円＋31,500円＝1,102,500円

第１工程完了品原価

＝2,422,500円＋3,187,500円＋236,250円＝5,846,250円

（３）　第２工程月末仕掛品原価　1,847,000円

完成品総合原価　10,997,250円

第２工程仕掛品－前工程費

月初 500個 1,875,000円	完成 1,500個 5,772,500円
当月 1,500個 5,846,250円	
	減損 100個 389,750円
	月末 400個 1,559,000円

第２工程仕掛品－直接材料費

当月 1,600個 1,956,000円	完成 1,500個 1,833,750円
	減損 100個 122,250円

第２工程仕掛品－加工費

月初 200個 359,000円	完成 1,500個 2,699,000円
当月 1,560個 2,808,000円	
	減損 100個 180,000円
	月末 160個 288,000円

第２工程の正常減損費＝389,750円＋122,250円＋180,000円

＝692,000円

第２工程の月末仕掛品原価＝1,559,000円＋288,000円＝1,847,000円

完成品総合原価

＝5,772,500円＋1,833,750円＋2,699,000円＋692,000円＝10,997,250円

学習の記録 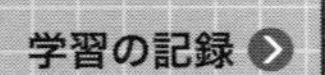    

27 総合問題３（直接標準原価計算）

□□ 問題　当社では製品Xのみを製造・販売しており，直接標準原価計算を採用している。以下の<資料>にもとづいて，（1）から（3）に答えなさい。なお，期首と期末には製品および仕掛品の在庫はない。

<資料>

1．標準原価カード

	標準消費量	標準価格	単位当たり原価
標準直接材料費	5 kg／個	100円／kg	500円／個
	標準直接作業時間	標準賃率	単位当たり原価
標準直接労務費	0.5時間／個	800円／時間	400円／個
	標準直接作業時間	標準配賦率	単位当たり原価
標準変動製造間接費	0.5時間／個	600円／時間	300円／個
原価標準			1,200円／個

（注）　変動製造間接費の配賦基準は直接作業時間である。

2．販売費

標準変動販売費　100円／個　　固定販売費予算　580,000円

3．その他固定費

固定製造間接費予算　685,000円　　一般管理費予算　320,000円

4．販売予測

予定販売量　3,000個　　予定販売価格　2,000円／個

５．当期の実績

売上高	5,460,000円	変動製造間接費	884,500円
実際販売量	2,800個	実際変動販売費	302,400円
実際販売単価	1,950円／個	固定製造間接費	686,000円
直接材料費	1,466,400円	固定販売費	575,000円
実際消費量	14,100kg	一般管理費	320,000円
直接労務費	1,189,000円		
実際直接作業時間	1,450時間		

（1） 予算損益計算書を作成しなさい。

（2） 直接材料費，直接労務費，変動製造間接費について差異分析を行いなさい。なお，有利差異の場合は（F），不利差異の場合は（U）を付すこと。

（3） 実績損益計算書を作成しなさい。

解答・解説

（1） 予算損益計算書

	予算損益計算書		（単位：円）
Ⅰ 売上高	2,000円／個×3,000個＝		6,000,000
Ⅱ 変動売上原価	1,200円／個×3,000個＝		3,600,000
変動製造マージン			2,400,000
Ⅲ 変動販売費	100円／個×3,000個＝		300,000
貢献利益			2,100,000
Ⅳ 固定費			
1．固定製造間接費		685,000	
2．固定販売費		580,000	
3．一般管理費		320,000	1,585,000
予算営業利益			515,000

（2） 差異分析

直接材料費総差異　66,400円（U）……A

500円／個×2,800個－1,466,400円＝△66,400円

価格差異　56,400円（U）

100円／kg×14,100kg－1,466,400円＝△56,400円

数量差異　10,000円（U）

100円／kg×（5kg／個×2,800個－14,100kg）＝△10,000円

直接労務費総差異　69,000円（U）……B

400円／個×2,800個－1,189,000円＝△69,000円

賃率差異　29,000円（U）

800円／時間×1,450時間－1,189,000円＝△29,000円

時間差異　40,000円（U）

800円／時間×（0.5時間／個×2,800個－1,450時間）

＝△40,000円

変動製造間接費総差異　44,500円（U）……C

300円／個×2,800個－884,500円＝△44,500円

変動費予算差異　14,500円（U）

600円／時間×1,450時間－884,500円＝△14,500円

変動費能率差異　30,000円（U）

600円／時間×（0.5時間／個×2,800個－1,450時間）

＝△30,000円

参考：変動販売費予算差異　22,400円（U）……D

2,800個×100円／個－302,400円＝△22,400円

（3） 実績損益計算書

売上高は実績値で計算し，変動売上原価と変動販売費は標準原価で計算する。その結果計算された標準貢献利益に対して，（2）で求めた標準変動費差異（AからDの合計：△202,300円）を調整することで，実際貢献利益を計算する。固定費は実績値を計上する。

実績損益計算書　（単位：円）

Ⅰ	売上高	1,950円／個×2,800個＝	5,460,000
Ⅱ	標準変動売上原価	1,200円／個×2,800個＝	3,360,000
	標準変動製造マージン		2,100,000
Ⅲ	標準変動販売費	100円／個×2,800個＝	280,000
	標準貢献利益		1,820,000
Ⅳ	標準変動費差異		202,300
	実際貢献利益		1,617,700
Ⅴ	固定費		
	1．固定製造間接費	686,000	
	2．固定販売費	575,000	
	3．一般管理費	320,000	1,581,000
	実際営業利益		36,700

学習の記録 ／ ／ ／

28 模擬試験問題

第1問 以下の<資料>にもとづいて，（1）から（7）に答えなさい。なお，割り切れない場合には，最終的な解答の小数点以下第1位を四捨五入すること。また，有利差異の場合は（F），不利差異の場合は（U）を付すこと。

<資料>

1．製造プロセス

製造部門にはA部門とB部門がある。それぞれの製造部門は補助部門からサービスの提供を受けている。

2．部門費予算と予定配賦基準

	A部門	B部門	補助部門
予算変動費（円）	1,220,000	1,064,000	400,000
予算固定費（円）	2,280,000	1,908,000	－
予定加工時間（時間）	2,000	1,800	－
予定補助部門 サービス提供量（単位）	300	200	－

（注1） 補助部門費は変動費であり，予定補助部門サービス提供量を基準に製造部門に予定配賦され，配賦後も変動費として扱われる。

（注2） 製造部門費は，配賦後の補助部門費を含めて，加工時間に応じて仕掛品勘定に予定配賦される。

3．部門費実際発生額と実際配賦基準

	A部門	B部門	補助部門
実際変動費（円）	1,262,000	1,062,000	411,000
実際固定費（円）	2,320,000	1,885,000	－
実際加工時間（時間）	1,980	1,790	－
実際補助部門 サービス提供量（単位）	295	196	－

（1） 補助部門の予定配賦率を計算しなさい。

（2） A部門とB部門の予定配賦率を計算しなさい。

（3） 補助部門費の各製造部門への配賦にかかわる仕訳を示しなさい。

（4） 補助部門費配賦差異を計算しなさい。

（5） A部門費の仕掛品勘定への配賦にかかわる仕訳を示しなさい。

（6） A部門費配賦差異を計算しなさい。

（7） 上記（6）の差異を，公式法変動予算を用いて変動費予算差異，固定費予算差異，操業度差異に分解しなさい。

第2問　以下の<資料>にもとづいて，（1）から（4）に答えなさい。

工程別総合原価計算の方法は累加法を，棚卸資産の評価方法は平均法を採用する。なお，割り切れない場合には，最終的な解答の小数点以下第1位を四捨五入すること。

<資料>

1．製造プロセス

第1工程では，始点で材料を投入し，終点で第1工程完了品Aと副産物Bが生じる。第1工程完了品Aは，一部が中間製品Aとして外部販売され，残りは第2工程の始点で投入される。副産物Bは外部販売される。第2工程では，工程の終点で追加材料を投入する。第2工程を終えて完成した製品Aは外部販売される。

2．生産データ

	第1工程	第2工程
月初仕掛品	500kg（0.4）	200kg（0.5）
当月投入	2,000kg	1,800kg
合　計	2,500kg	2,000kg
月末仕掛品	600kg（0.5）	200kg（0.5）
副産物	100kg	－
当月完成	1,800kg	1,800kg

（注）完成した製品Aにおける第1工程完了品Aと追加材料の重量比は4：1である。また，第2工程の加工費にかかわる完成品換算量の計算には，追加材料の投入量を考慮しないものとする。

3．原価データ

第1工程

	直接材料費	加工費
月初仕掛品	225,500円	245,000円
当月投入	912,000円	2,494,000円
	1,137,500円	2,739,000円

第２工程

	前工程費	直接材料費	加工費
月初仕掛品	343,360円	?	135,680円
当 月 投 入	?	162,720円	1,964,880円
	?	?	2,100,560円

（注） 副産物は，販売価格1,400円／kg，販売費及び一般管理費50円／kg，通常の利益100円／kgを前提に評価する。

４．棚卸資産データ

	月初棚卸高	月初棚卸数量	月末棚卸数量
製品Ａ	254,560円	100kg	150kg
中間製品Ａ	68,800円	40kg	60kg
副産物Ｂ	25,000円	20kg	10kg

（１） 第１工程における副産物評価額を計算しなさい。

（２） 第１工程仕掛品勘定を完成させなさい。

（３） 第２工程仕掛品勘定を完成させなさい。

（４） 外部販売にかかわる売上原価を計算しなさい。

解答・解説

第１問

（１）　補助部門の予定配賦率　800円／単位

400,000円÷（300単位＋200単位）＝800円／単位

（２）　Ａ部門の予定配賦率　1,870円／時間

Ｂ部門の予定配賦率　1,740円／時間

	Ａ部門	Ｂ部門
予算変動費（円）		
製造部門費	1,220,000	1,064,000
補助部門費の配賦額	240,000	160,000
合計	1,460,000	1,224,000
予算固定費（円）	2,280,000	1,908,000
予算製造部門費	3,740,000	3,132,000
予定加工時間（時間）	2,000	1,800

補助部門費の予定配賦額

Ａ部門　800円／単位×300単位＝240,000円

Ｂ部門　800円／単位×200単位＝160,000円

製造部門の予定配賦率

Ａ部門　3,740,000円÷2,000時間＝1,870円／時間

Ｂ部門　3,132,000円÷1,800時間＝1,740円／時間

（３）

（単位：円）

借方科目	金額	貸方科目	金額
Ａ　部　門	236,000	補　助　部　門	392,800
Ｂ　部　門	156,800		

補助部門費の実際配賦額

Ａ部門　800円／単位×295単位＝236,000円

Ｂ部門　800円／単位×196単位＝156,800円

（４）　補助部門費配賦差異　18,200円（U）

392,800円－411,000円＝△18,200円

（５）

（単位：円）

借方科目	金額	貸方科目	金額
仕　掛　品	3,702,600	Ａ　部　門	3,702,600

1,870円／時間×1,980時間＝3,702,600円

（６）　Ａ部門費配賦差異　115,400円（U）

	Ａ部門
実際変動費（円）	
製造部門費	1,262,000
補助部門費の配賦額	236,000
合計	1,498,000
実際固定費（円）	2,320,000
実際製造部門費	3,818,000

3,702,600円－3,818,000円＝△115,400円

（７）　変動費予算差異　52,600円（U）

固定費予算差異　40,000円（U）

操業度差異　22,800円（U）

変動費予定配賦率　1,460,000円÷2,000時間＝　730円／時間

固定費予定配賦率　2,280,000円÷2,000時間＝1,140円／時間

変動費予算差異　730円／時間×1,980時間－1,498,000円＝△52,600円

固定費予算差異　2,280,000円－2,320,000円＝△40,000円

操業度差異　1,140円／時間×（1,980時間－2,000時間）＝△22,800円

第2問

（1） 副産物評価額 125,000円

(1,400円／kg－50円／kg－100円／kg)×100kg＝125,000円

（2）

第1工程仕掛品

月初仕掛品	470,500	第2工程仕掛品	2,484,000
直接材料費	912,000	中間製品A	621,000
加工費	2,494,000	副産物B	125,000
		月末仕掛品	646,500
	3,876,500		3,876,500

第1工程仕掛品－直接材料費

月初 500kg 225,500円	完了 1,800kg 副産物 100kg 864,500円
当月 2,000kg 912,000円	
	月末 600kg 273,000円

第1工程仕掛品－加工費

月初 200kg 245,000円	完了 1,800kg 副産物 100kg 2,365,500円
当月 2,000kg 2,494,000円	
	月末 300kg 373,500円

第1工程完了品原価＝864,500円＋2,365,500円－125,000円

＝3,105,000円

第2工程投入の重量＝1,800kg×4／5＋200kg－200kg＝1,440kg

中間製品Aの重量＝1,800kg－1,440kg＝360kg

上記重量比により，第1工程完了品原価を配分する。

（3）

第2工程仕掛品

月初仕掛品	479,040	製品A	4,609,440
第1工程仕掛品	2,484,000	月末仕掛品	481,200
直接材料費	162,720		
加工費	1,964,880		
	5,090,640		5,090,640

第２工程仕掛品－前工程費

月初 200kg 343,360円	完成 1,440kg 2,482,560円
当月 1,440kg 2,484,000円	月末 200kg 344,800円

第２工程仕掛品－直接材料費

当月 360kg 162,720円	完成 360kg 162,720円

第２工程仕掛品－加工費

月初 100kg 135,680円	完成 1,440kg 1,964,160円
当月 1,440kg 1,964,880円	月末 100kg 136,400円

（４）　売上原価　5,203,830円

4,480,000円＋586,330円＋137,500円＝5,203,830円

製品Ａ

月初 100kg 254,560円	販売 1,750kg 4,480,000円
当月 1,800kg 4,609,440円	月末 150kg 384,000円

中間製品Ａ

月初 40kg 68,800円	販売 340kg 586,330円
当月 360kg 621,000円	月末 60kg 103,470円

副産物Ｂ

月初 20kg 25,000円	販売 110kg 137,500円
当月 100kg 125,000円	月末 10kg 12,500円

管理会計編

- 解答する際は，中央経済社・ビジネス専門書オンライン（biz-book.jp）から解答用紙をダウンロードして，実際に書き込みましょう。

- 管理会計をマスターするコツは，用語の定義を正確におさえた上で，問題を「繰り返し解く」ことです。問題を見たらすぐに解答が思い浮かぶくらいになるまで繰り返し解きましょう。

- 計算ミスの多くは，問題の意図を理解できていないことが原因です。問題を解く際は，何が問われているかをしっかり考えて解きましょう。

学習の記録   

01 管理会計の基礎

Summary

1 管理会計とは，経営管理者が企業のさまざまな目的を達成することができるような情報を認識し，測定し，累積し，作成し，解釈し，そして伝達する手続きである。

2 財務会計との比較から見た管理会計の特徴は以下の表のとおりである。

	財務会計	管理会計
情報利用者	外部の利害関係者（株主，債権者，証券投資家，税務当局等）	企業内の経営管理者
機能と主要な課題	利害関係者間の利害調整→利益の配分	経営者の経営管理用具→利益の獲得
会計の性格	公共的，法的，強制的	任意
会計のカバーする範囲	概略的な全体情報	詳細な部分情報
重視する時間次元	過去情報	過去および未来情報
会計期間	非弾力的	弾力的
情報の価値判断基準	会計原則，諸法令と合致しているか否か	経営管理に役立つかどうか

3 管理会計は，業績管理（業績評価）会計と意思決定会計に体系化される。

4 管理会計では，貢献利益や機会原価といった特殊な利益概念・原価概念が用いられることがある。

□□ **問題 1** 管理会計の特質について，財務会計と比較しながら答えなさい。

□□ **問題 2** 管理会計の体系に関する以下の文章のカッコの中に適切な言葉を入れなさい。

> 管理会計をその機能からみると，計画会計と統制会計とに分類される。前者の計画はさらに個別計画と期間計画とに分類される。管理会計の体系上，個別計画のための会計を（　①　）といい，期間計画と統制のための会計を（　②　）という。

□□ **問題 3** 管理会計で用いられる貢献利益と機会原価について説明しなさい。

解答・解説

問題 1

情報利用者の観点からすると，財務会計が証券投資家や債権者といった企業外部の利害関係者などに広く企業の財務情報を公開するのに対して，管理会計の場合は企業内部の各階層の経営管理者に経営管理に役立つ情報を提供する。

会計の主な機能は，財務会計が利益配分を通じた債権者や投資家，経営者の間の利害調整であるのに対し，管理会計は利益獲得に結びつく経営管理用具としての機能である。

また，財務会計は上場企業であれば法的に財務諸表の作成と公開が義務付けられているのに対して，管理会計の場合はその実施は任意である。

財務会計では過去の実績を財務諸表の形で公表するため，過去情報を重視しているのに対し，管理会計では業績評価などでは過去の実績をみるが，利益計画や意思決定では未来の予測を行うため，未来情報も重視される。

対象とする会計期間は，財務会計が決算期間（１年，半年，四半期）で定められているが，管理会計では管理する対象によって会計期間は異なる。

たとえば，10年プロジェクトの意思決定では会計期間は10年である。一方，１日という会計期間で工場の能率を見るといったこともある。そのため，管理会計での会計期間は弾力的である。

情報の価値判断基準についていえば，財務会計は会計規則や法律に適っているかどうかが判断の基準になる。これは，証券投資家が，株式への投資の意思決定の材料とするために，企業の財務諸表を比較可能な状態にするためである。一方，管理会計ではその情報が経営管理に役立つかどうかということが判断の基準になる。そのため，場合によっては正確性よりも適時性が優先される場合もある。

問題 2

①意思決定会計　②業績管理会計（業績評価会計）

管理会計の機能は，計画機能と統制機能とに分類される。将来の目標を設定してそれを達成するための計画を策定するのが計画機能であり，その目標が達成するための活動や次期の計画の是正措置をとっていくのが統制機能である。

計画は，さらに期間計画と個別計画とに分類される。期間計画とは，ある一定期間についての企業全体または部門ごとの実行計画である。これは具体的には長期計画，中期経営計画，短期利益計画，予算などである。期間計画は統制と密接な関連がある。計画は立てただけでは不十分で，それを達成しようという活動，すなわち統制活動が必要となってくる。この場合，期間計画で設定した目標値は，統制のための基準となる。このような，期間計画と統制という２つの機能を持つ会計を，業績管理会計と呼ぶ。

一方，個別計画とは，プロジェクトの選択の意思決定である。現行のキャパシティを所与として，企業の様々な構造に変化を与えない意思決定を，業務的意思決定という。たとえば，部品の自製・外注問題，製品組み合わせ，特別注文の受入可否の問題などがこれに当たる。それに対し，その意思決定によって企業の構造を変化させ，その影響が１年を超えるような意思決定を戦略的意思決定という。典型的な例は設備投資の意思決定である。設備投資は，企業の製造原価の構成比を変えてしまうことがあり，また，その耐用年数にわたって意思決定の影響は続く。これらの個別計画のための会計を，意思決定会計と呼ぶ。

問題 3

貢献利益とは，売上高から変動費を控除した残額のことをいう。これは，まず売上高から変動費を回収し，その残額である貢献利益によって固定費を回収し，利益を実現させるという考え方にもとづいている。貢献利益は，利益計画や意思決定，業績評価などに用いられる管理会計における中心的な利益概念である。

貢献利益の計算は，短期的に原価・費用の回収に優先順位をつけるという考え方にもとづいている。先に売上高によって回収される変動費の典型的な例は，直接材料費である。これを先に回収し，再び必要な材料を調達して製品の製造・販売を続けていくことで，企業の営業循環が回っていく。したがって，直接材料費に代表される変動費は先に売上高から回収する必要がある。一方，固定費の典型的な例は減価償却費である。減価償却費は支出自体は資産の取得時に終わっており，現金支出を伴う原価ではない。したがって，すぐに支払の義務が来るというわけではなく，すぐに回収できなかったからといって企業が倒産してしまうという性質のものではない。資産の耐用年数にわたって投下した資金が回収できればよいのである。そのため，急いで回収する必要はなく，変動費を回収した残高である貢献利益を積み上げて回収すればよい。このような考え方は，経営者の短期的な感覚とマッチしたものである。

機会原価とは，複数の代替案の中である案を選択したときに，他の案をとっていれば得られたはずの利益のうちの最大のもので測定される原価である。最大逸失利益ということができる。これは制度計算で用いられる支出原価のように何らかの証拠書類によってその金額が裏付けられるというものではなく，意思決定の場面で用いられる特殊な原価概念である。

学習の記録 ／ ／ ／

02 短期利益計画1（原価分解）

Summary

短期利益計画を行う際には，変動費と固定費の両方の性格を持つ準変動費を変動費部分と固定費部分とに分解する必要がある。過去のデータを用いて準変動費を変動費部分と固定費部分とに分解する方法には以下のようなものがある。

1 費目別精査法：原価計算上の単位である費目を，過去の経験から固定費と変動費に振り分ける方法。

2 高低点法：過去の実績値のうち，最高の営業量の時の実績値と，最低の営業量の時の実績値とから直線の原価線を推定する方法。直線の傾きが変動費率，y軸との切片が固定費となる。

3 スキャッターチャート法：グラフ上に過去の実績データを記入し，それらの点の真ん中を通る原価線を目分量で引く方法。すべての過去データを用いるという利点はあるが，目分量であるため信頼性に欠ける。

4 回帰分析法（最小自乗法）：過去の実績データと推定する回帰直線（原価線）との偏差を自乗して，合計した値が最小になるような直線y＝ax＋bを推定し変動費率（a）と固定費（b）を推定する方法。

P（X_i，Y_i）をi番目の実績値とすれば，次の連立方程式を解くことによってa（変動費率）とb（固定費）が求められる（Nはデータ数）。

$$\sum_{i=1}^{N} Y_i = a\sum_{i=1}^{N} X_i + Nb \quad \cdots①$$

$$\sum_{i=1}^{N} X_i Y_i = a\sum_{i=1}^{N} X_i^2 + b\sum_{i=1}^{N} X_i \quad \cdots②$$

□□ **問題1** 次の資料をもとに，高低点法によって間接労務費を変動費と固定費とに分解しなさい。なお，これらのデータは正常操業圏内でのものである。

直接作業時間と間接労務費の実績値

	1月	2月	3月	4月	5月	6月
直接作業時間（時間）	470	530	500	460	450	510
間接労務費（円）	102,575	113,400	107,950	100,715	99,000	109,845

□□ **問題2** 次の資料をもとに，回帰分析法によって間接労務費を変動費と固定費とに分解しなさい。なお，これらのデータは正常操業圏内のものである。

直接作業時間と間接労務費の実績値

	1月	2月	3月	4月
直接作業時間（時間）	480	510	500	490
間接労務費（円）	135,950	141,950	140,050	138,050

□□ **問題3** 原価分解を行ううえで留意すべき点を２点あげなさい。

解答・解説

問題 1

高低点法では，最高の営業量の実績と最低の営業量の実績の２点を結ぶ直線を推定して原価分解する。

最高の営業量は２月の530時間で，そのときの間接労務費は113,400円である。

一方，最低の営業量は５月の450時間で，そのときの間接労務費は99,000円である。

この２つのデータから，aを変動費率，bを固定費としたときの連立方程式は以下のようになる。

$$113{,}400 = 530a + b \cdots ①$$
$$99{,}000 = 450a + b \cdots ②$$

①と②から，$a = 180$，$b = 18{,}000$が得られる。すなわち，変動費率は180円／時間，固定費は18,000円となる。

問題 2

直接作業時間をX，間接労務費をYとする。

Xの合計（ΣX）は$480 + 510 + 500 + 490 = 1{,}980$

Yの合計（ΣY）は$135{,}950 + 141{,}950 + 140{,}050 + 138{,}050 = 556{,}000$

X^2の合計（ΣX^2）は$480^2 + 510^2 + 500^2 + 490^2 = 230{,}400 + 260{,}100 + 250{,}000 + 240{,}100 = 980{,}600$

XYの合計（ΣXY）は$480 \times 135{,}950 + 510 \times 141{,}950 + 500 \times 140{,}050 + 490 \times 138{,}050 = 65{,}256{,}000 + 72{,}394{,}500 + 70{,}025{,}000 + 67{,}644{,}500 = 275{,}320{,}000$

Nは４ヶ月分なので４である。

これらを連立方程式にあてはめると，次のようになる。

$$556{,}000 = 1{,}980a + 4b \quad \cdots ①$$

$$275{,}320{,}000 = 980{,}600a + 1{,}980b \quad \cdots ②$$

①と②から，$a = 200$，$b = 40{,}000$が得られる。すなわち，変動費率が200円／時間，固定費が40,000円であると推定される。

問題 3

（1） 適切な独立変数を選択すること。

（2） 実績データが同質であること。

（1） 原価の変動を適切に表す変数を選択しなければ，原価分解によって推定した変動費率と固定費は原価の予測に役立たない。つまり，原価の変動とまったく関係の無い変数を選んで原価分解をしても，原価予測にはまったく役に立たない。

（2） 過去の実績は同じ生産条件の下でのデータである必要がある。これは，業務量以外の要素の変化が原価データに影響を及ぼしていない，ということである。原価データに影響をあたえる業務量以外の要素としては，生産条件の変更，生産販売能力，製造方法，経営組織，作業能率，原価財の価格，経営方針，会計処理方法，プロダクトミックスなどである。これらの要素が同一であるという条件の下で抽出された過去の実績データを使って固変分解をしなければ，原価の予測に使えないものとなる。

たとえば，過去のある時点で新規設備投資などがあった場合，変動費と固定費の原価構成比が変わってしまうことがある。設備投資以前は手作業が中心で，原価の構成比の中で直接労務費が多くの割合を占めていたが，設備投資によって自動化が進み，発生する原価の中で直接労務費の割合が下がり，製造間接費の割合が大きくなる，というような場合である。このような場合，設備投資をする以前と以降のデータが混在していると，そのデータをもとに推定した変動費率と固定費では，将来の原価予測には役に立たないものとなる。

学習の記録   

03 短期利益計画2（損益分岐分析）

Summary

1 損益分岐点を求める公式は以下のとおりである。

（損益分岐点販売量を求める場合）

$$損益分岐点販売量=\frac{固定費}{単位当たり貢献利益}$$

（損益分岐点売上高を求める場合）

$$損益分岐点売上高=\frac{固定費}{貢献利益率}$$

2 目標利益を達成する販売量および売上高を求める公式は以下のとおりである。

（販売量の場合）

$$\frac{固定費+目標利益}{単位当たり貢献利益}$$

（売上高の場合）

$$\frac{固定費+目標利益}{貢献利益率}$$

3 複数製品がある場合の損益分岐点を求める考え方には，収益力の高い順に固定費を回収するという考え方と，加重平均の貢献利益率によって固定費を回収するという考え方がある。

□□ **問題 1** 以下の問に答えなさい。

（1） 製品Ｘは販売単価300円／個，単位当たり変動費200円，固定費が480,000円である。製品Ｘの損益分岐点販売量を求めなさい。

（2）（1）の製品Ｘの目標利益は20,000円である。このときの販売量を求めなさい。

（3） 製品Ｙは変動費率が0.6，固定費が1,000,000円である。製品Ｙの損益分岐点売上高を求めなさい。

（4）（3）の製品Ｙの目標利益は300,000円である。このときの売上高を求めなさい。

□□ **問題 2** 以下の＜資料＞にもとづき，（1）回収力の強い製品から共通固定費を回収していく場合と（2）加重平均の貢献利益率によって固定費を回収していく場合のそれぞれの損益分岐点売上高を求めなさい。

＜資料＞

1．製品に関わるデータ

	製品A	製品B	製品C
販売単価	500円／個	600円／個	800円／個
単位当たり変動費	250円／個	360円／個	320円／個
単位当たり貢献利益	250円／個	240円／個	480円／個
販売量	500個	400個	300個

2．共通固定費は244,000円である。

3．セールスミックスは一定である。

解答・解説

問題 1

（１） 480,000円÷(300円／個－200円／個)＝4,800個

（２） (480,000円＋20,000円)÷(300円／個－200円／個)＝5,000個

（３） 1,000,000円÷(1－0.6)＝2,500,000円

（４） (1,000,000円＋300,000円)÷(1－0.6)＝3,250,000円

問題 2

（1）の場合

それぞれの製品の貢献利益率を求めると，製品Aが0.5，製品Bが0.4，製品Cが0.6である。したがって，収益力は，製品C→製品A→製品Bの順番になる。この順番で，共通固定費を回収していくことになる。

まず，製品Cの貢献利益の総額は，480円／個×300個＝144,000円である。これで共通固定費を回収すると，その残高は244,000円－144,000円＝100,000円である。このときの製品Cの売上高は800円／個×300個＝240,000円である。

次に，残った100,000円の固定費を製品Aの貢献利益で回収する。このときの損益分岐点売上高は100,000円÷0.5＝200,000円となる。したがって，製品Cを240,000円，製品Aを200,000円売り上げたときに損益分岐点に達するということになる。つまり，この場合の損益分岐点売上高は240,000円＋200,000円＝440,000円ということになる。

（2）の場合

セールスミックスが資料のとおりである場合の加重平均の貢献利益率は，次のようになる。

(250円／個×500個＋240円／個×400個＋480円／個×300個)÷(500円／個×500個＋600円／個×400個＋800円／個×300個)＝0.5

したがって，損益分岐点売上高は，244,000円 ÷ 0.5 = 488,000円となる。

（1）の場合と（2）の場合を貢献利益図表で表すと，以下の図のようになる。

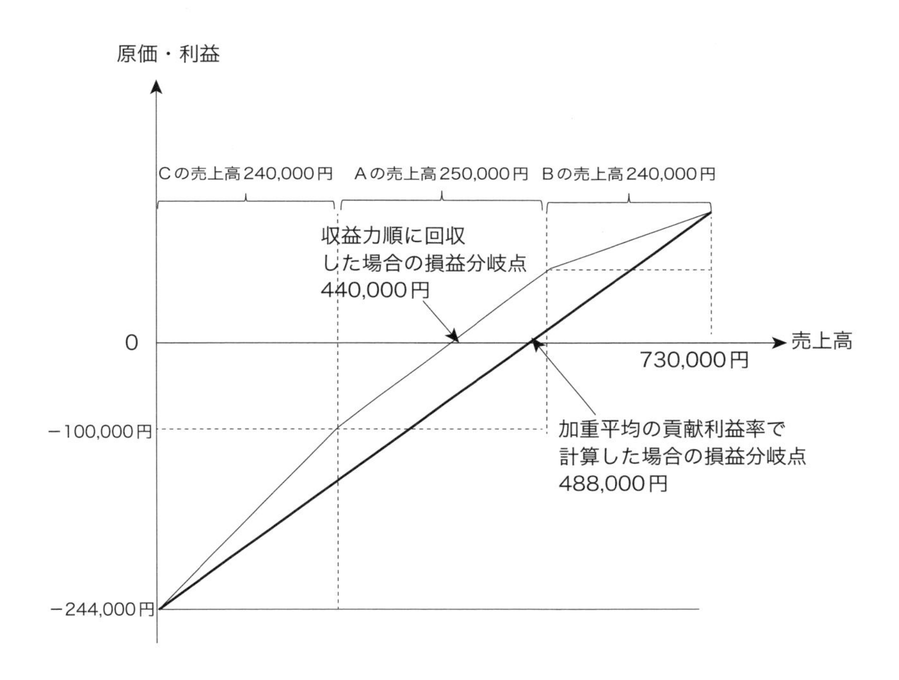

04 短期利益計画３（安全性の指標）

学習の記録 ＞ ／　／　／

Summary

1 予想した売上高がどれだけ安全なものか，すなわち損益分岐点からどれだけ離れているか，を表す指標が安全余裕率である。

$$安全余裕率=\frac{予想売上高－損益分岐点売上高}{予想売上高}\times 100（\%）$$

予想売上高の代わりに，実績売上高を使うと，実績売上高がどれだけ安全であったかということを判断することができる。

2 経営レバレッジ係数とは，固定費の利用度を測定する指標である。

$$経営レバレッジ係数=\frac{貢献利益}{営業利益}$$

固定費の割合が高い企業ほど，経営レバレッジ係数は大きくなる。

3 経営レバレッジ係数を求めると，売上高の増減率から営業利益の増減額を計算することができる。その関係は次のとおりである。

営業利益の増減額＝売上高の増減率×営業利益×経営レバレッジ係数

経営レバレッジ係数が大きいと，売上高の増減率に対して営業利益が大きく増減することになる。

□□ **問題 1** 次の＜資料＞にもとづき，以下の（1）から（4）の問いに答えなさい。

（1） 損益分岐点売上高を求めなさい。

（2） 安全余裕率を求めなさい。

（3） 経営レバレッジ係数を求めなさい。

（4） 売上高が10％増加した場合の営業利益の増加額を，（3）の経営レバレッジ係数を用いて求めなさい。

＜資料＞

予測損益計算書（単位：千円）

売上高		300,000
変動売上原価		165,000
変動販売費		15,000
貢献利益		120,000
固定製造間接費	48,000	
固定販売費	12,000	
一般管理費	36,000	96,000
営業利益		24,000

□□ **問題 2** 次の＜資料＞にもとづき，以下の（1）から（5）の問いに答えなさい。

（1） 直接原価計算方式の損益計算書を作成しなさい。

（2） 損益分岐点売上高を求めなさい。

（3） 安全余裕率を求めなさい。

（4） 経営レバレッジ係数を求めなさい。

（5） 売上高が12％増加した場合の営業利益の増加額を，（3）の経営レバレッジ係数を用いて求めなさい。

<資料>

1．変動製造原価のデータ

	単価	単位当たり消費量
直接材料費	1,000円／kg	0.5kg／個
直接材料費	900円／時間	0.2時間／個
変動製造間接費*	100円／時間	0.2時間／個

*変動製造間接費は直接作業時間に比例して発生する。

2．固定費のデータ

固定製造間接費	350,000円
固定販売費	100,000円
一般管理費	150,000円

3．当月の販売量の見込みは1,000個，販売単価は1,600円／個である。また，変動販売費は100円／個である。

解答・解説

問題1

損益計算書が直接原価計算で作成されている場合，損益計算書上のデータから損益分岐点，安全余裕率，経営レバレッジ係数などを容易に計算することができる。

（1） 貢献利益率は120,000千円÷300,000千円＝0.4

損益分岐点売上高は，96,000千円÷0.4＝240,000千円

（2） 安全余裕率

$$\frac{300,000千円-240,000千円}{300,000千円}\times 100=20\%$$

（3） 経営レバレッジ係数は，120,000千円÷24,000千円＝5

（4） 経営レバレッジ係数を用いて営業利益の増分を計算すると次のようになる。

10％×24,000千円×5＝12,000千円

問題2

（1） ＜資料＞から作成される直接原価計算方式の損益計算書は以下のとおりになる。

損益計算書 （単位：円）

売上高			1,600,000
売上原価（変動費）	(500円／個＋180円／個＋20円／個)×1,000個＝		700,000
変動販売費	100円／個×1,000個＝		100,000
貢献利益			800,000
固定製造間接費		350,000	
固定販売費		100,000	
一般管理費		150,000	600,000
営業利益			200,000

（2） 貢献利益率は800,000円÷1,600,000円＝0.5

損益分岐点売上高は，600,000円÷0.5＝1,200,000円

（3） 安全余裕率

$$\frac{1{,}600{,}000円-1{,}200{,}000円}{1{,}600{,}000円}\times 100=25\%$$

（4） 経営レバレッジ係数は，800,000円÷200,000円＝4

（5） 営業利益の増加額は，12％×200,000円×4＝96,000円となる。

学習の記録 ／ ／ ／

05 短期利益計画4（製品の最適組み合わせとLP）

Summary

1 経営資源は通常有限であり，さまざまな制約が存在する。そのため，稀少資源を有効に配分し，最大の収益を上げるような製品の組合せを決定する必要がある。通常，この種の問題には，LP（線形計画法）やIP（整数計画法）などが用いられる。ここでは，制約条件のもとで貢献利益を最大にする製品の組み合わせを求めることになる。

2 製品が2種類の場合は，2次元の平面図によってLPを解くことができる。制約条件によって囲まれた範囲（実行可能領域）の端点のうち，目的関数が原点から一番遠くなる端点を通ったときに，目的関数の値は最大になる。その時のxとyが最適な製品の組み合わせである。

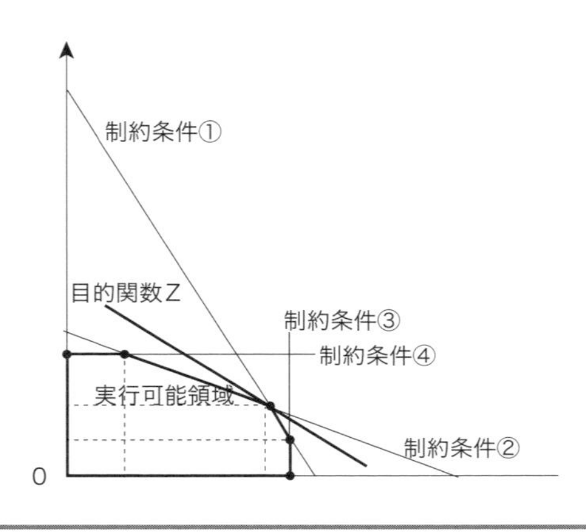

□□ **問題**　次の＜資料＞にもとづき，貢献利益を最大にする製品Ｘと製品Ｙの組み合わせとそのときの貢献利益の総額を求めなさい。

＜資料＞

1．製品の販売単価と需要

	製品X	製品Y
販売単価	650円／個	600円／個

製品Ｘの需要の上限は2,300個，製品Ｙの需要の上限は1,800個である。

2．原材料の単位当たり消費量と調達上限

	製品X	製品Y
原材料A	2 kg／個	1 kg／個
原材料B	1 kg／個	2 kg／個

原材料Ａの調達上限は5,000kg，原材料Ｂの調達上限は4,000kgである。

3．原材料Ａの単位当たり価格は100円／kg，原材料Ｂの単位当たり価格は150円／kgである。

4．当期の期首と期末に製品在庫はなく，生産したものはすべて販売される。

解答・解説

<資料>2と3から，製品Xの単位当たり原材料費は100円／kg×２kg／個＋150円／kg×１kg／個＝350円／個，製品Yの単位当たり原材料費は100円／kg×１kg／個＋150円／kg×２kg／個＝400円／個である。したがって，単位当たり貢献利益は製品Xが300円／個，製品Yが200円／個となる。

製品Xの生産量をx，製品Yの生産量をyとすると，目的関数Zは次のようになる。

$$Z = 300x + 200y$$

<資料>1，2，3から，原材料ごとの制約を定式化すると次のようになる。

原材料A　$2x + y \leqq 5{,}000$…①
原材料B　$x + 2y \leqq 4{,}000$…②

<資料>1から，製品の需要に対する制約は次のようになる。

$0 \leqq x \leqq 2{,}300$…③
$0 \leqq y \leqq 1{,}800$…④

これらの４つの制約で囲まれた実行可能領域の端点のうち，目的関数Zは端点である（2,000，1,000）を通るときに最大となる。

その際の貢献利益は，300円／個×2,000個＋200円／個×1,000個＝800,000円となる。

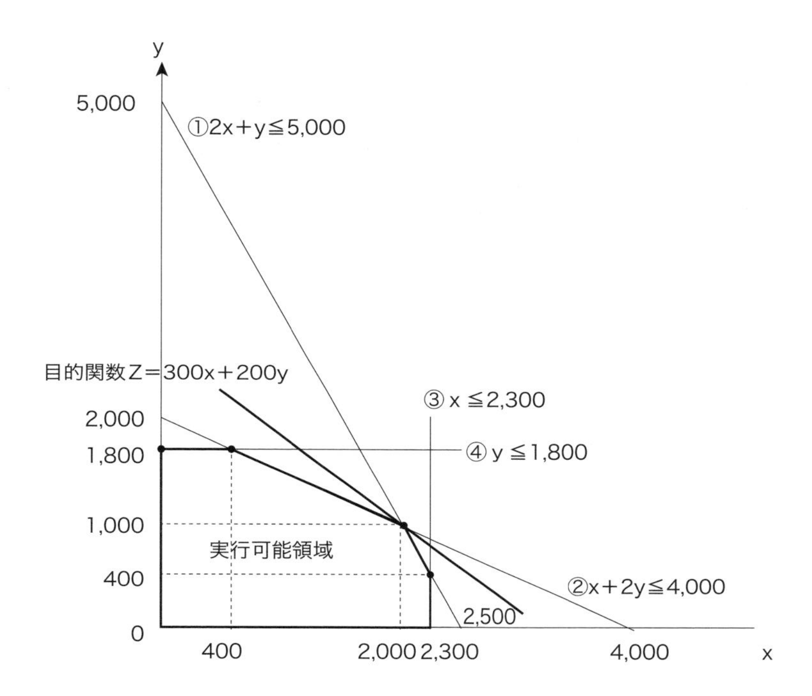
y
5,000
①2x＋y≦5,000
目的関数Z＝300x＋200y
③ x ≦2,300
2,000
1,800
④ y ≦1,800
1,000
実行可能領域
400
②x＋2y≦4,000
2,500
0
400
2,000
2,300
4,000
x

06 予算管理1（予算管理の特徴・理論）

Summary

1 企業予算とは，利益目標を達成するため，事業計画を貨幣的に表したものである。企業予算を使って利益管理を行うことを予算管理という。

2 予算は大きく経常予算と資本予算に区別される。経常予算は，さらに損益予算と資金予算に区別される。

3 予算管理には，計画機能，調整機能，統制機能の3つの機能がある。

4 予算管理では，予算実績差異を分析する際に，原価の差異だけではなく，売上高の差異分析も行う。売上高の差異は，販売価格差異と販売数量差異に分解することができる。販売数量差異は，さらに市場占有率差異と市場総需要量差異に分解して分析することができる。

5 予算管理には，予算編成と予算統制の2つのプロセスがある。

次の語群の中から，空欄①から⑫に入るもっとも適切な語句を選びなさい。ただし，空欄内の同じ数字には同じ語句が入る。

【語群】

利益管理	資金繰り	資本予算	予算・実績差異分析総括表
計画機能	調整機能	経常予算	損益予算
販売価格差異	直接標準原価計算	市場占有率差異	大綱的短期利益計画

□□ **問題 1 企業予算の目的・意義**

（1） 企業予算とは，（　①　）により示された利益目標を達成するため，事業計画を貨幣的に表したものである。この企業予算を使って（　②　）を行うことを予算管理という。

（2） 企業予算には，（　②　）と原価管理の両方に役立つ（　③　）を用いることが効果的である。

□□ 問題2　予算の体系

（1）　予算は大きく（　④　）と（　⑤　）に区別される。（　④　）とは，購買，製造，販売など，経常的，反復的に遂行される活動を対象にして作成される予算である。一方，（　⑤　）とは，設備投資，関係会社投資など，随時的，非反復的に遂行される活動を対象にして作成される予算である。

（2）　経常予算は，収益と費用を対象にして作成される（　⑥　）と，収入と支出を対象にして作成される資金予算に区別される。（　⑥　）に加えて資金予算を作成する理由は，計画的な（　⑦　）を行い，資金の過不足が生じるのを防ぐためである。

□□ 問題3　予算の機能

（1）　予算管理には，（　⑧　），（　⑨　），統制機能の３つの機能がある。

（2）　統制機能は，事前統制，期中統制，事後統制の３つからなる。事後統制では，事後的に（　⑩　）等を使って予算営業利益と実際営業利益の差異の原因を分析し，業績評価を行うとともに，改善行動を取る。

□□ 問題4　売上高差異分析

（1）　売上高の差異は，（　⑪　）と販売数量差異に分解することができる。

（2）　販売数量は市場での占有率や，市場での総需要量に左右される。そこで，販売数量差異をさらに（　⑫　）と市場総需要量差異に分解して分析することができる。

解答・解説

問題1

企業予算の目的・意義

（1）　①大綱的短期利益計画　②利益管理

予算編成の前に，大まかな利益計画，つまり大綱的短期利益計画が策定される。大綱的短期利益計画を策定する際に損益分岐点分析・CVP分析が行われ，利益目標，その利益目標を達成するための売上高，原価が計算される。その利益目標，売上高，原価が予算編成方針にまとめられ，予算編成方針に沿って予算が編成されることになる。つまり，企業予算とは，大綱的短期利益計画により示された利益目標を達成するための事業計画を貨幣的に表したものである。

また，予算管理とは，この企業予算を使って利益管理を行うことをいう。利益管理と原価管理の相違については，利益は売上高から原価を差し引くことによって計算されるため，利益管理は原価だけでなく，売上高や差額としての利益についても目標を設定し，差異分析を行う点にある。

（2） ②利益管理 ③直接標準原価計算

利益管理に役立つ直接原価計算と，原価管理に役立つ標準原価計算を結合させたものが直接標準原価計算である。なお，標準直接原価計算とも呼ばれる。企業予算には，利益管理と原価管理の両方に役立つ直接標準原価計算を用いることが効果的である。

問題 2

予算の体系

（1） ④経常予算 ⑤資本予算

（2） ⑥損益予算 ⑦資金繰り

予算は経常予算と資本予算に区別され，経常予算はさらに損益予算と資

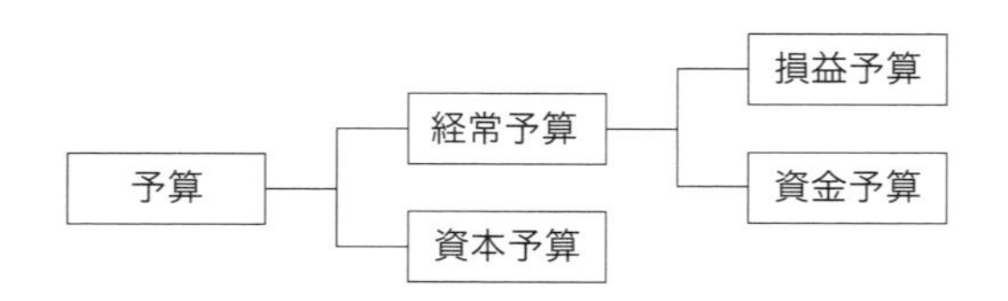

金予算に区別される。予算の体系をまとめると下記の図になる。

損益予算とは，収益と費用を対象にして作成される予算であり，収益と費用は収入と支出のタイミングと一致するわけではないため，これだけでは資金管理ができない。損益予算に加えて，収入と支出を対象とする資金

予算を作成することで，計画的な資金繰りを行うことができる。

問題 3

予算の機能

（1） ⑧計画機能 ⑨調整機能

予算管理には，計画機能，調整機能，統制機能の３つの機能がある。計画機能とは，利益目標を達成するための方法を決定することである。その過程を通じて，企業の希少資源が各部門に配分される。調整機能とは，各部門の活動を企業全体の共通の目標へ向けてバランスを取ることである。統制機能は，目標を達成するための一連の活動である。

（2） ⑩予算・実績差異分析総括表

統制機能は，事前統制，期中統制，事後統制の３つからなる。事前統制では，事前に目標を各階層の管理者に受容させ，達成するための意欲を喚起する。そのため，目標の設定に管理者を参加させることが重要となる。期中統制では，期中に実績を把握し，予算と実績の間に乖離が認められる場合は，矯正行動を取る。事後統制では，事後的に予算・実績差異分析総括表等を使って予算実績差異を分析し，業績評価を行うとともに，改善行動をとる。

問題 4

売上高差異分析

（1） ⑪販売価格差異

売上高の差異は，販売価格差異と販売数量差異に分解することができる。

（2） ⑫市場占有率差異

販売数量は市場での占有率や，市場での総需要量に左右される。そこで，販売数量差異をさらに市場占有率差異と市場総需要量差異に分解して分析することができる。

学習の記録 ／ ／ ／

07 予算管理２（予算F/Sの作成）

Summary

1 予算管理には，予算編成と予算統制の２つのプロセスがある。予算には経常予算と資本予算があるが，ここでは経常予算の予算編成に関する問題を扱う。最終的に予算財務諸表（予算損益計算書と予算貸借対照表，予算キャッシュ・フロー計算書）を作成することを目標とする。

2 経常予算には損益予算と資金予算がある。損益予算は，販売予算の作成から始まる。製品をいくつ販売するのか（販売予算）を決めてから，製品をいくつ製造するのか（製造予算），材料をいくつ消費するのか（直接材料費予算），材料をいくつ購入するのか（購買予算）を順番に決めていき，最終的に予算損益計算書にまとめられる。一方，資金予算は，予算貸借対照表と予算キャッシュ・フロー計算書にまとめられる。

□□ **問題** A社は，製品Xを生産・販売しており，標準直接原価計算を採用している。次の<資料>をもとに，20X1年５月の月次予算損益計算書，予算貸借対照表を作成しなさい。

<資料>

1．製品Xの製品原価標準

原料費	80円／kg×10kg／個	＝	800円／個
変動加工費	500円／時間×１時間／個	＝	500円／個
変動製造原価合計			1,300円／個

2．20X1年４月末貸借対照表（単位：千円）

流動資産		流動負債	
現金	95,000	買掛金	80,000
売掛金	171,000	借入金	0
製品	52,000	流動負債合計	80,000
原料	24,000	固定負債	0
流動資産合計	342,000	純資産	
固定資産		資本金	200,000
土地	20,000	資本剰余金	20,000
建物・設備	38,000	利益剰余金	100,000
固定資産合計	58,000	純資産合計	320,000
資産合計	400,000	負債・純資産合計	400,000

3．20X1年５月予算データ

（1） 製品月間予算販売量110,000個，販売価格2,000円，製品はすべて掛売りで，翌月末に全額を現金で回収する。月初製品在庫量は40,000個，月末製品在庫量は30,000個。製品の製造に必要な原料の月初在庫量は300,000kg，月末在庫量400,000kg，仕入単価はkg当たり80円である。原料の購入はすべて掛買いで，翌月末に全額を現金で支払う。仕掛品の在庫は存在しない。

（2） 固定加工費の月次予算は12,000千円で，そのうち減価償却費3,000千円を含む。変動販売費は製品１個当たり100円，固定販売費及び一般管理費の月次予算は39,000千円で，そのうち減価償却費1,000千円を含む。なお，変動加工費，変動販売費，減価償却費を除く固定加工費，減価償却費を除く固定販売費及び一般管理費はすべて現金支出原価であり，支払は現金による。

（3） ５月に借入は行わない予定である。

解答・解説

売上高および変動費（変動売上原価や変動販売費）は，それぞれの単価に製品月間予算販売量を掛け算して計算する。固定費（固定加工費や固定販売費及び一般管理費）は，資料３（２）に与えられている。

予算損益計算書（単位：千円）

売上高	220,000	：2,000円／個×110,000個
変動売上原価	143,000	：1,300円／個×110,000個
変動販売費	11,000	：100円／個×110,000個
貢献利益	66,000	
固定加工費	12,000	：資料３（２）
固定販売費及び一般管理費	39,000	：資料３（２）
営業利益	15,000	

・現金：78,000千円（貸借差額）

・売掛金：171,000千円（20X1年４月末貸借対照表）－171,000千円（売掛金回収額）＋220,000千円（掛売上高）(※１)＝220,000千円

（※１） 2,000円／個（製品販売価格）×110,000個（製品月間予算販売量）

・製品：1,300円／個（製品原価）×30,000個（期末製品在庫量）＝39,000千円

・原料：80円／kg（原料購入単価）×400,000kg（期末原料在庫量）＝32,000千円

・建物・設備：38,000千円（20X1年４月末貸借対照表）－3,000千円（固定加工費内の減価償却費）－1,000千円（固定販売費及び一般管理費内の減価償却費）＝34,000千円

・買掛金：80,000千円（20X1年４月末貸借対照表）－80,000千円（買掛金支払額）＋88,000千円（掛仕入高）(※２)

（※２） 製品生産量＝110,000個＋30,000個－40,000個＝100,000個
原料購入量＝10kg／個×100,000個＋400,000kg－300,000kg
＝1,100,000kg
掛 仕 入 高＝80円／kg（原料購入単価）×1,100,000kg
＝88,000千円

・利益剰余金：100,000千円（20X1年４月末貸借対照表）＋15,000千円（予算損益計算書上の営業利益）＝115,000千円

予算貸借対照表

（単位：千円）

流動資産		流動負債	
現金	78,000	買掛金	88,000
売掛金	220,000	借入金	0
製品	39,000	流動負債合計	88,000
原料	32,000	固定負債	0
流動資産合計	369,000	純資産	
固定資産		資本金	200,000
土地	20,000	資本剰余金	20,000
建物・設備	34,000	利益剰余金	115,000
固定資産合計	54,000	純資産合計	335,000
資産合計	423,000	負債・純資産合計	423,000

学習の記録 ／ ／ ／

08 予算管理３（予算差異分析）

Summary

1 予算実績差異を分析する際に，原価の差異だけではなく，売上高の差異分析も行う。予算と比較して実際の利益を増加させる要因となる差異を有利差異，減少させる要因となる差異を不利差異という。具体的には以下の表になる。

収益・利益・原価差異	
実績－予算＝差異	差異の符号がプラスなら有利差異
	差異の符号がマイナスなら不利差異
費用	
予算－実績＝差異	差異の符号がプラスなら有利差異
	差異の符号がマイナスなら不利差異

2 売上高差異は，「実際売上高－予算売上高」により算定する。さらに価格が原因の差異（販売価格差異）と販売数量が原因の差異（販売数量差異）に分解することができる。

販売価格差異	（実際販売価格－予算販売価格）×実際販売量
販売数量差異	予算販売価格×（実際販売量－予算販売量）

3 変動売上原価差異には，単価差異と販売数量差異がある。

単価差異	標準変動製造原価×実際生産量－実際変動製造原価
販売数量差異	標準変動製造原価×（予算販売量－実際販売量）

4 変動販売費差異は，「予算変動販売費－実際変動販売費」により算定する。さらに予算差異と販売数量差異に分解することができる。

予算差異	（標準変動販売費－実際変動販売費）×実際販売量
販売数量差異	標準変動販売費×（予算販売量－実際販売量）

5 標準直接原価計算を採用する場合，実際営業利益の計算上，標準原価差異は標準貢献利益に加減算する。

□□ **問題** A社は，製品Xを生産・販売しており，標準直接原価計算を採用している。次の<資料>をもとに，×1年5月の予算・実績差異分析総括表を作成しなさい。なお，標準原価差異は，標準貢献利益に加減すること。

<資料>

1．予算に関する資料

予算販売価格	2,000円／個	
予算販売量	110,000個	
標準変動製造原価	1,300円／個	
標準変動販売費	100円／個	
固定加工費予算額	12,000千円	（総額）
固定販売費及び一般管理費予算額	39,000千円	（総額）

2．販売価格・原価データに関する資料

（1） 販売価格・原価データ

実際販売価格	1,980円／個	
実際生産・販売量	105,000個	
実際変動製造原価	139,100千円	（総額）
実際変動販売費	110円／個	
固定加工費実際額	12,500千円	（総額）
固定販売費及び一般管理費実際額	36,000千円	（総額）

（2） 仕掛品と製品の在庫は存在しない。

解答・解説

ここでは，予算・実績差異分析総括表を使って，予算営業利益と実際営業利益の差異の原因を分析する。

1．予算営業利益＝15,000千円（ユニット07の解答・解説）

2．売上高差異＝実際売上高－予算売上高＝1,980円／個×105,000個－2,000円／個×110,000個＝△12,100千円（不利差異）

・販売価格差異＝(実際販売価格－予算販売価格)×実際販売量＝(1,980円／個－2,000円／個)×105,000個＝△2,100千円（不利差異）

・販売数量差異＝予算販売価格×(実際販売量－予算販売量)＝2,000円／個×(105,000個－110,000個)＝△10,000千円（不利差異）

3．変動売上原価差異

・単価差異＝標準変動製造原価×実際生産量－実際変動製造原価＝1,300円／個×105,000個－139,100千円＝△2,600千円（不利差異）

・販売数量差異＝標準変動製造原価×(予算販売量－実際販売量)＝1,300円／個×(110,000個－105,000個)＝6,500千円（有利差異）

4．変動販売費差異＝予算変動販売費（総額)－実際変動販売費（総額)＝100円／個×110,000個－110円／個×105,000個＝△550千円（不利差異）

・予算差異＝(標準変動販売費－実際変動販売費)×実際販売量＝(100円／個－110円／個)×105,000個＝△1,050千円（不利差異）

・販売数量差異＝標準変動販売費×(予算販売量－実際販売量)＝100円／個×(110,000個－105,000個)＝500千円（有利差異）

5．固定加工費予算差異＝固定加工費予算額－固定加工費実際額＝12,000千円－12,500千円＝△500千円（不利差異）

6．固定販売費及び一般管理費予算差異＝固定販売費及び一般管理費予算額－固定販売費及び一般管理費実際額＝39,000千円－36,000千円＝3,000千円（有利差異）

7．実際営業利益＝8,750千円

予算・実績差異分析総括表

（単位：千円）

1．予算営業利益		15,000
2．売上高差異		
販売価格差異	△2,100	
販売数量差異	△10,000	△12,100
3．変動売上原価差異		
単価差異	△2,600	
販売数量差異	6,500	3,900
4．変動販売費差異		
予算差異	△1,050	
販売数量差異	500	△550
5．固定加工費予算差異		△500
6．固定販売費及び一般管理費予算差異		3,000
7．実際営業利益		8,750

学習の記録 ＞ ／ ／ ／

09 予算管理4（市場占有率差異と市場総需要量差異）

Summary

1 売上高差異は，「実際売上高－予算売上高」により算定する。さらに販売価格差異と販売数量差異に分解することができる。下記の図を作図して分析すると計算しやすい。縦軸に価格，横軸に販売量を取る。それぞれ内側に実際販売価格と実際販売量を取って掛け算すると，内側の長方形の面積が実際売上高の金額を表す。それぞれ外側に予算販売価格と予算販売量を取って掛け算すると，外側の長方形の面積が予算売上高の金額を表す。販売価格差異と販売数量差異は図のようになる。

販売価格差異	（実際販売価格－予算販売価格）×実際販売量
販売数量差異	予算販売価格×（実際販売量－予算販売量）

2 販売数量は，市場での占有率や，市場での総需要量に左右される。そこで販売数量差異をさらに市場占有率差異と市場総需要量差異に分解して分析することができる。前述の売上高差異分析の図に実際市場総需要量にもとづく予算販売量の位置から補助線を引いて計算することになる。市場占有率差異と市場総需要量差異は図のようになる。

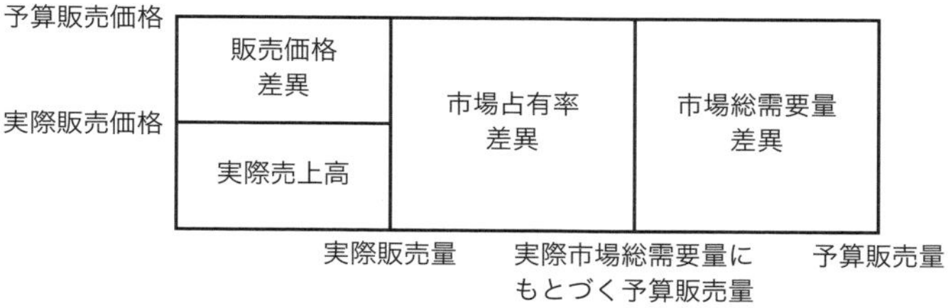

予算販売価格

販売価格差異	市場占有率差異	市場総需要量差異
実際売上高		

実際販売価格

実際販売量　実際市場総需要量にもとづく予算販売量　予算販売量

市場占有率差異	(実際販売量－実際市場総需要量にもとづく予算販売量)×予算販売価格
市場総需要量差異	(実際市場総需要量にもとづく予算販売量－予算販売量)×予算販売価格

なお，実際販売量は，実際の市場総需要量と実際の市場占有率の掛け算で計算することができることから，実際市場総需要量は実際販売量と実際市場占有率から逆算して求めることができる。この実際市場総需要量に予算市場占有率を掛け算することで，実際市場総需要量に基づく予算販売量を計算することができる。

実際市場総需要量	実際販売量÷実際市場占有率
実際市場総需要量に基づく予算販売量	実際市場総需要量×予算市場占有率

□□ **問題**　次の＜資料＞をもとに，売上高差異を計算し，販売価格差異と販売数量差異に分解しなさい。さらに販売数量差異を市場占有率差異と市場総需要量差異に分解しなさい。

＜資料＞

1．予算に関する資料		2．実績に関する資料	
予算販売価格	2,000円／個	実際販売価格	1,980円／個
予算販売量	110,000個	実際販売量	105,000個
予算市場占有率	40％	実際市場占有率	35％

解答・解説

売上高差異	
△12,100千円〔不利〕	
販売価格差異	販売数量差異
△2,100千円〔不利〕	△10,000千円〔不利〕
市場占有率差異	市場総需要量差異
△30,000千円〔不利〕	20,000千円〔有利〕

売上高差異は，「実際売上高－予算売上高」により算定する。さらに販売価格差異と販売数量差異に分解することができる。

・売上高差異＝実際売上高－予算売上高＝1,980円／個×105,000個－2,000円／個×110,000個＝△12,100千円（不利差異）

・販売価格差異＝(実際販売価格－予算販売価格)×実際販売量＝(1,980円／個－2,000円／個)×105,000個＝△2,100千円（不利差異）

・販売数量差異＝予算販売価格×(実際販売量－予算販売量)＝2,000円／個×(105,000個－110,000個)＝△10,000千円（不利差異）

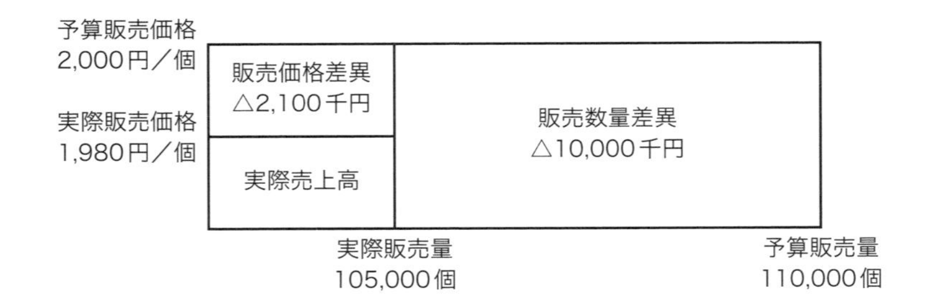

さらに販売数量差異は，市場占有率が原因の差異（市場占有率差異）と市場規模が原因の差異（市場総需要量差異）に分解することができる。実際販売量は，実際市場総需要量と実際の市場占有率の掛け算で計算することができることから，実際市場総需要量は実際販売量と実際市場占有率から逆算して求めることができる。

・実際市場総需要量＝実際販売量÷実際市場占有率＝105,000個÷35％＝300,000個

実際市場総需要量，つまり実際の市場規模は300,000個であることがわかる。この実際市場総需要量300,000個に予算市場占有率40％を掛け算することで，実際市場総需要量にもとづく予算販売量を計算することができる。

・実際市場総需要量にもとづく予算販売量＝実際市場総需要量×予算市場占有率＝300,000個×40％＝120,000個

この実際市場総需要量にもとづく予算販売量を用いて，販売数量差異を市場占有率差異と市場総需要量差異に分解する。

・市場占有率差異＝（実際販売量－実際市場総需要量にもとづく予算販売量）×予算販売価格＝（105,000個－120,000個）×2,000円／個＝△30,000千円（不利差異）
・市場総需要量差異＝（実際市場総需要量にもとづく予算販売量－予算販売量）×予算販売価格＝（120,000個－110,000個）×2,000円／個＝20,000千円（有利差異）

このことから，販売数量差異は△10,000千円（不利差異）であったが，その背景には市場総需要量を275,000個（＝110,000個÷40％）と予想していたが，実際には300,000個であり，予想よりも販売量が10,000個増加したことにある。その結果，市場総需要量差異は20,000千円（有利差異）となった。その中で市場占有率40％を目標としていたが，実際には35％しか獲得することができなかったため，予想よりも販売量が15,000個減少した。その結果，市場占有率差異は△30,000千円（不利差異）となったことがわかる。

学習の記録 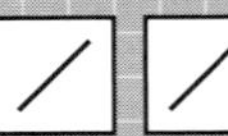 

10 分権組織の管理会計1（管理可能性と追跡可能性・理論）

Summary

1 分権化組織の代表的な例は事業部である。

事業部別の損益計算書のひな形は以下のとおりである。

	事業部A	事業部B	事業部C	全社
売上高	×××	×××	×××	×××
変動費	×××	×××	×××	×××
貢献利益	×××	×××	×××	×××
管理可能個別固定費	×××	×××	×××	×××
管理可能利益	×××	×××	×××	×××
管理不能個別固定費	×××	×××	×××	×××
セグメント・マージン	×××	×××	×××	×××

この損益計算書では，固定費を追跡可能性によって個別費と共通費とに分類する。そして，個別費については管理可能性によって管理可能個別固定費と管理不能個別固定費とに分類し，段階的に収益に対応させることで管理可能利益（事業部長の業績評価指標）とセグメント・マージン（事業部自体の業績評価指標）が計算される。

2 分権化組織の管理のための考え方として，責任会計がある。責任会計とは，企業組織内における責任センターを識別し，その業績を明らかにするために，各センターに対し，それぞれが責任を持つ特定の原価・収益・投資額を割り当て，計画と実績，差異に関する財務情報を提供する会計システムである。各組織単位は，与えられた責任と権限によって，原価センター，収益センター，利益センター，投資センターなどがある。

□□ **問題 1** 管理可能原価について説明しなさい。

□□ **問題 2** 責任会計における各責任センターについて，例をあげながら説明しなさい。

□□ **問題 3** 事業部制組織について説明しなさい。

□□ **問題 4** 事業部制における業績評価について説明しなさい。

□□ **問題 5** 事業部長の業績を投資利益率によって評価することの問題点を述べなさい。

解答・解説

問題 1

管理可能原価とは，そのセグメントに跡づけられる原価のうち，セグメントの長が一定の期間にその金額に影響を及ぼすことができる原価のことをいう。この期間とは，通常業績評価期間である。彼ないし彼女に対して与えられた権限が大きければ大きいほど管理可能原価の範囲は広くなる。逆に，その権限が小さければ小さいほどその範囲は狭くなる。また，対象とする期間を長くとればとるほど管理可能原価の範囲は広くなる。逆に，対象とする期間が短いとその範囲は狭くなってくる。

問題 2

責任センターには，原価センター，収益センター，利益センター，投資センターがある。

原価センターとは原価にのみ権限と責任を委譲された単位である。工場の部門がこの例にあたる。

収益センターとは，収益にのみ権限と責任を委譲された単位である。販売部門がこの例にあたる。

利益センターとは，原価と収益の両方に権限と責任を委譲された単位である。製造と販売の両方の職能を持っているような支店や支社などがこの例にあたる。特に日本においては事業部がこれにあたる。

投資センターとは，利益に対する権限と責任に加え，ある程度の調達活動の権限と責任を委譲された単位である。本来事業部は投資センターである。投資センターはあたかも１つの企業であるかのように活動を行うことができる。

問題 3

企業における組織を，製品別，地域別あるいは市場別に分類し，それぞれの組織単位（すなわち事業部）が，あたかも独立企業であるかのように，製造部門，販売部門などの職能をもち，製造活動，販売活動および場合によっては調達活動をも行うような組織を，事業部制組織という。

問題 4

事業部制における業績評価では，事業部長の業績評価指標と事業部自体の業績評価指標を分けて考えなければならない。

事業部長の業績評価は，管理可能利益によって行う。管理可能利益は，貢献利益から管理可能個別固定費を控除した残額である。これは，事業部長が影響を及ぼすことができる範囲で得た成果である。つまり，自らの管理可能な範囲で得た成果である。一方，事業部自体の業績は，管理可能利益から管理不能個別固定費を控除したセグメント・マージンによって評価する。

事業部が投資センターである場合，事業部の業績は投資の効率という面からも評価しなければならない。この場合には，投資利益率（ROI）や残余利益（RI）といった指標で評価されることになる。

問題 5

投資利益率は利益を投資額で割ることによって求められる。これはその名のとおり比率で示されるので，事業部自体の業績を評価する場合には，事業部の規模の違いにかかわらず業績を比較できるので有用である。

一方で，投資利益率を事業部長の業績評価に用いると，事業部長の関心を比率の増大のみに集中させる場合がある。これは，投資利益率が分数で求められるため，この比率を上昇させようとすれば，①分子である利益を増大させる，②分母である投資額を減少させるという手段が考えられる。分母である投資額には，短期的には効果が現れない長期的な投資もあるため，ある期間投資を控えても，利益にはあまり影響がない場合もある。

たとえば，ある期間の事業部の利益が100万円，事業部の投資額が1,000万円だとすると，投資利益率は10％である。投資額を100万円減少させた結果，利益額が５万円減ったとしても，95万円÷900万円×100≒10.6％と投資利益率は増加する。このように，投資を控えても短期的な利益にあまり大きな影響が出ない場合には，事業部長に対して，分母である投資額を減少させて投資利益率を大きく見せようとする行動に走らせてしまう可能性がある。

投資には，研究開発投資，ブランド構築のための広告宣伝への投資など，短期的には効果がすぐに現れないが，長期的に投資し続けることによって企業に利益をもたらすようなものが少なくない。事業部長が，このような長期的な投資を控えるような行動をとらせると，企業の長期的な競争力が低下してしまうおそれがある。したがって，事業部長の業績を投資利益率で評価する場合には注意が必要である。

学習の記録 ▸ ／ ／ ／

11 分権組織の管理会計2（ROIとRI）

Summary

1 事業部が投資センターである場合，投資の効果性を見る指標によって業績が測定される。

2 事業部長の業績を測定する場合には，残余利益（RI），とりわけ管理可能残余利益を用いる。それは次の式によって求められる。

管理可能残余利益＝管理可能利益－管理可能投資額×資本コスト

管理可能残余利益は，（a）売上高を増加させる，（b）管理可能費を減少させる，（c）有利な条件で投下資本を調達する，ということで増加させることができる。

3 事業部自体の投資の効果性を見る指標としては，投下資本利益率（ROI）を用いる。それは次の式によって求められる。

$$投下資本利益率（ROI）＝\frac{セグメント・マージン}{事業部総投資額}\times 100$$

□□ **問題** 次の<資料>にもとづき，各事業部の事業部投資利益率と管理可能残余利益を求めなさい。計算に当たっては，投資利益率はパーセント表示の小数点以下第３位を四捨五入し，残余利益は千円未満を四捨五入しなさい。

<資料>

事業部別損益計算書　（単位：千円）

	事業部Ａ	事業部Ｂ	事業部Ｃ	全社
売上高	1,500,000	1,450,000	2,150,000	5,100,000
変動費	525,000	435,000	967,500	1,927,500
貢献利益	975,000	1,015,000	1,182,500	3,172,500
管理可能個別固定費	655,000	658,000	758,000	2,071,000
管理可能利益	320,000	357,000	424,500	1,101,500
管理不能個別固定費	240,000	295,000	325,800	860,800
セグメント・マージン	80,000	62,000	98,700	240,700

管理可能投資額

事業部Ａ　1,200,000千円
事業部Ｂ　1,087,500千円
事業部Ｃ　1,397,500千円

事業部総投資額

事業部Ａ　1,575,000千円
事業部Ｂ　1,508,000千円
事業部Ｃ　2,193,000千円

資本コストは全社一律の加重平均資本コストを用いる。資本の構成比は以下のとおりである。なお，税率は30％である。

調達源泉	資本コスト（％）	資本構成比
借入金	3	40％
社債	5	30％
自己資本	6	30％

解答・解説

事業部投資利益率は，セグメント・マージンを事業部総投資額で割ることによって求められる。各事業部の事業部投資利益率は，以下のようになる。

$$事業部A \quad \frac{80{,}000千円}{1{,}575{,}000千円}\times 100 = 5.08\%$$

$$事業部B \quad \frac{62{,}000千円}{1{,}508{,}000千円}\times 100 = 4.11\%$$

$$事業部C \quad \frac{98{,}700千円}{2{,}193{,}000千円}\times 100 = 4.50\%$$

全社一律の加重平均資本コストは次のようになる。借入金と社債については，支払利息が損金扱いされるために税金の分が節約されるので，それを考慮に入れる。

$$3\% \times (1-0.3) \times 40\% + 5\% \times (1-0.3) \times 30\% + 6\% \times 30\% = 3.69\%$$

これらの結果から見ると，各事業部共に資本コストを上回るROIを達成していることがわかる。

この資本コストを用いて各事業部の管理可能残余利益を計算する。事業部長の業績測定に用いるため，計算の要素は事業部長にとって管理可能な要素，すなわち管理可能利益と事業部の管理可能投資によって計算する。各事業部の残余利益は次のようになる。

事業部A　320,000千円－1,200,000千円×3.69％＝275,720千円
事業部B　357,000千円－1,087,500千円×3.69％＝316,871千円
事業部C　424,500千円－1,397,500千円×3.69％＝372,932千円

事業部自体の投資効率を見る場合は，規模の違いにかかわらず比較ができる事業部投資利益率を用いるのが有用である。一方，事業部長の業績を投資効率から見る場合，事業部投資利益率を用いると，ユニット10でみたように，事業部長の関心を長期投資の縮小に向けてしまい，事業部の長期的な競争力を削いでしまうという結果になりかねない。そこで，事業部長の投資効率の視点から判断する場合には，管理可能残余利益を用いるのが適切である。

12

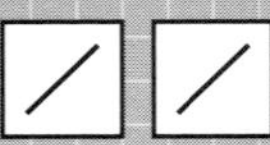

意思決定会計（原価の概念・理論）

Summary

1 意思決定とは，問題を認識した場合，それに対処するため将来実行すべき代替案の中から選択することである。

2 意思決定の問題で利用される原価は，制度として計算されている原価とは若干異なった原価概念の原価である。

3 意思決定の問題で利用されるのは，未来原価であり，差額原価である。

4 意思決定は，将来実行すべき代替案の評価にかかわるので，将来発生する原価を予測した未来原価を必要とする。

5 意思決定においては，代替案を比較することになるので，ある代替案を採用した場合に増減する原価である差額原価（関連原価）だけを考慮すればよい（どの代替案を採用しても変わらない原価である埋没原価（無関連原価）は考慮する必要がない）。

6 意思決定の問題によっては，どの代替案を採用するかによって収益も増減する場合がある。この場合は，差額収益も考慮しなければならない（意思決定では，差額収益から差額原価を引いて求めた差額利益の大きいものを採用することになる）。

7 ある代替案を採用することによって，採用できなくなる代替案から得られたはずの利益のうち最大のものを機会原価という。

8 排他的な2つの代替案について，どちらを採用するか検討するのに，差額利益を計算することと機会原価を考慮することは同じである。

9 実際の意思決定問題においては，数値化できない定性的な要素も考慮して決定する必要がある。

□□ **問題1** 次の（1）から（3）の文章に書かれている原価の概念としてもっとも相応しいと考えられるものを（a）から（f）の中から選んで答えなさい。

（1） 現在，追加注文を受けるかどうか検討している。検討するにあたって，現在使用中の機械の減価償却費。

（2） 現在，排他的なＡ案とＢ案を検討している。Ａ案の採否を検討するにあたって，Ｂ案を採用すれば得られるであろうと考えられる利益をコストと考えた。

（3） 現在，今まで購入していた部品を自製することを検討している。自製した場合，新たに特殊機械が必要になる。この特殊機械のリース料。

（a） 減分原価　（b） 差額原価　（c） 埋没原価
（d） 実際原価　（e） 標準原価　（f） 機会原価

□□ **問題2** 意思決定問題を検討する際に，過去の原価情報はどのような意味を持つと考えられるか答えなさい。

□□ **問題3** 部品を自製するか購入するかの意思決定問題で，原価情報以外で考慮する必要があることがあるとすれば，どのようなことか答えなさい。

解答・解説

問題 1

(1)	(c)	(2)	(f)	(3)	(b)

（1） 現在使用中の機械の減価償却費は，追加注文を受けても受けなくても同じであるので，埋没原価である。

（2） 機会原価の定義から，機会原価と考えられる。

（3） 特殊機械のリース料は，固定的な費用ではあるが，自製する案を採用すると増加することになる原価であるので，差額原価ということになる。

問題 2

意思決定問題は，将来どうするかということについて選択するものであるので，考慮すべき原価情報は未来原価である。意思決定問題で過去の原価情報をそのまま使っている場合，過去の原価と全く同じ原価が将来も発生するだろうと仮定して，その過去の原価を予測される未来原価として利用しているということである。標準原価を使う場合も，現在の標準原価が将来の期間においても適切なものであると仮定して，未来原価として利用しているということである。

したがって，過去の原価と同じ原価が将来発生すると仮定するのが適当ではないときには，過去の原価をそのまま利用するのは適当ではない。たとえば，材料の品質に変更が予定されている場合や作業方法に大幅な見直しが予定されている場合などは，変更や見直しにより多方面に影響が出る可能性もあるので，より慎重に原価の予測を行わなければならないということも考えられる。

一方，材料の価格に上昇あるいは下降傾向があるというような場合には，そのトレンドを織り込んだ上で，過去の原価を修正すれば，比較的容易に未来原価を予測できる可能性もある。また，新しく製造することになる製品や部品であっても，過去に似たようなものを製造していた場合，その過去の原価情報は，製品や部品の未来原価を予測する上でとても参考になると考えられる。

このように過去の原価情報は，未来原価を予測する上で，ベースとなる情報として有用性が高いと考えられる。

検討している案によっては新たな作業が必要になる場合もあるかもしれないが，動作ごとの標準作業時間のデータなどが既にあれば，新たな作業にかかわる原価を予測するのに十分に役立つと考えられる。

問題 3

自製した場合と購入した場合とで，同じ品質の部品を確保できるのかということは考慮する必要がある。外部のサプライヤーに技術的優位がある場合には，自社では同じ品質の部品を作ることができないかもしれない。一方，自社に技術的優位がある場合には，サプライヤーに技術を提供することも可能かもしれない。しかしその場合には，さらに提供した技術がライバル会社に利用されることはないかというようなことまで考慮する必要があると考えられる。

また部品を購入することにした場合，必要な数量を適切な納期で納品してもらえるかということについては考慮する必要がある。もしこれができないということであれば，生産計画に狂いが生じ，手待ちなどの非効率によって，自製か購入かの分析を行ったときに考慮していないコストが発生する可能性もある。部品を自製する場合にも，部品を製造するための空き時間の状況によっては，部品を必要とするときに必要な数量を確保することが難しいということもあり得るので，そういったことも考慮する必要がある。

部品の購入が長期に及んでしまう場合には，相互に依存関係ができてしまうので，部品の供給を止められた場合，すぐに自製に切り替えられる可能性，あるいは他のサプライヤーを見つけられる可能性があるかといったことも考慮する必要がある。

自製していた部品を購入に切り替えることになる場合には，自製をやめることで配置転換になる従業員等がいると，職場のモチベーションが低下することも考えられる。こういったモチベーション面での悪影響がないかといったことも考慮する必要がある。

学習の記録 ／ ／ ／

13 業務的意思決定1（自製・購入の意思決定）

Summary

1 自製か購入かの意思決定問題では，収益について考慮する必要はない。
2 自製したときと購入したときの差額原価を計算して，安く調達できる方を選べばよい。
3 問題のタイプとして，「現在は部品等を購入しているが，生産能力の遊休があり，これを利用して内製するか検討するタイプ」（タイプ1）と「現在は部品等を自製しているが，外部から購入した方が安いのではないかと検討するタイプ」（タイプ2）がある。
4 いずれの問題のタイプの場合も，変動費については差額原価の計算に含めることになる。固定費については，多くのものが埋没原価になることが多いが56にあるような注意が必要になる。
5 タイプ1の問題の場合，部品等を自製することになった場合に新たに必要となる専用機械のリース料などについては，自製することで加わる原価であるので，差額原価の計算に含めなければならない。
6 タイプ2の問題の場合，部品等の自製をやめることで節約可能な固定費（専用機械のリース料かもしれない）については，自製をやめればかからなくなる原価であるので，差額原価の計算に含めなければならない。
7 タイプ1の問題の場合，生産能力の遊休時間で全量の部品を生産できるか否か確認しておく必要がある。
8 もし生産能力の遊休時間で全量の部品を生産できないのならば，遊休時間で生産可能な数量で自製の場合と購入の場合の差額原価を計算する（生産不可能な部分は，いずれの場合も購入することになるので無関連である）。

□□ **問題1** 当社では，現在，年間500単位の部品Ａを単位当たり7,900円で外部から購入している。設備稼働時間に1,000時間の余裕があるので，部品Ａを自製することを検討している。自製した場合に発生すると考えられる原価の情報は，次の＜資料＞に示されるとおりである。部品Ａを自製した場合と購入した場合とでどちらがどれだけ有利になるかを答えなさい。ただし，設備稼働時間と直接作業時間は等しいものとする。

＜資料＞

1．部品Ａ単位当たり原価

直接材料費	@600円×５kg＝3,000円
直接労務費	@900円×２時間＝1,800円
製造間接費	@800円×２時間＝1,600円

2．製造間接費の配賦率は，次の製造間接費予算にもとづいて計算されている。

＜製造間接費予算＞

変動製造間接費率	：１時間当たり300円
固定製造間接費	：5,500,000円
基準操業度	：11,000時間

3．上記の原価以外に，部品Ａの製造には専用機械が必要で，このリース料は年間1,000,000円である。

□□ **問題2** 当社では，現在，年間400単位の部品Ｂを自製している。外部から部品Ｂを単位当たり3,000円で売りたいと申し入れがあったので，購入することを検討している。部品Ｂ単位当たり標準原価等の情報は，次の＜資料＞に示されるとおりである。部品Ｂを自製した場合と購入した場合とでどちらがどれだけ有利になるかを答えなさい。ただし，資料の時間は直接作業時間を表すものとする。

<資料>

1．部品B単位当たり標準原価

直接材料費	@300円×３kg	＝ 900円
直接労務費	@800円×２時間	＝1,600円
製造間接費	@500円×２時間	＝1,000円
		3,500円

2．製造間接費の配賦率のうち変動費の部分は@100円／時間である。

3．製造間接費に含まれる固定費のうち150,000円については，部品Bの自製をやめることで節約可能と考えられる。

解答・解説

問題1

自製案が250,000円有利

まず余裕時間の1,000時間で部品Aは500単位（1,000時間÷２時間）生産可能であることが確認できる。

部品Aを購入した場合，500単位×7,900円で3,950,000円かかる。

一方，自製した場合，直接材料費は500単位×3,000円で1,500,000円かかり，直接労務費は500単位×1,800円で900,000円かかる。製造間接費については，変動費だけで考えると部品A単位当たり@300円×２時間で600円なので，500単位×600円で300,000円かかることになる。

専用機械のリース料は，固定的な費用ではあるが，自製することになると新たに発生するものなので，差額原価として考慮する必要がある。

自製案と購入案の差額原価の計算は，次のようになる。

	自製案	購入案	差額原価
部品Ｂ購入原価		3,950,000円	−3,950,000円
直接材料費	1,500,000円		1,500,000円
直接労務費	900,000円		900,000円
変動製造間接費	300,000円		300,000円
専用機械のリース料	1,000,000円		1,000,000円
	3,700,000円	3,950,000円	−250,000円

このように自製した場合，購入した場合よりも250,000円原価が安く済むことになる。

問題 2

購入案が30,000円有利

部品Ｂを購入した場合，400単位×3,000円で1,200,000円かかる。

一方，自製した場合，直接材料費は400単位×900円で360,000円かかり，直接労務費は400単位×1,600円で640,000円かかる。製造間接費については，変動費だけで考えると部品Ｂ単位当たり@100円×２時間で200円なので，400単位×200円で80,000円かかることになる。

節約可能固定費については，購入した場合はかからず（節約でき），自製した場合にかかることになるので，差額原価として考慮する必要がある。

自製案と購入案の差額原価の計算は，次のようになる。

	自製案	購入案	差額原価
部品Ｂ購入原価		1,200,000円	−1,200,000円
直接材料費	360,000円		360,000円
直接労務費	640,000円		640,000円
変動製造間接費	80,000円		80,000円
節約可能固定費	150,000円		150,000円
	1,230,000円	1,200,000円	30,000円

このように自製した場合，購入した場合よりも30,000円原価が多くかかることになる。

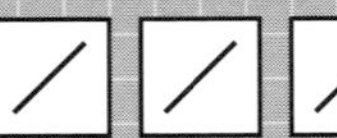

14 業務的意思決定２（追加加工の意思決定）

Summary

1 追加加工の可否の問題では，追加加工せずに販売することと追加加工してから販売することは両立できないという制限がかかっている。

2 追加加工して販売すると追加加工前の半製品等の需要がなくなるというような制限も考えられるが，追加加工前の半製品等の調達可能な数量に制限があり，追加加工して販売すると追加加工前の半製品等として販売する数量が確保できなくなるという場合が多い。

3 追加加工前の半製品等が連産品であれば，調達可能な数量に制限がかかるので，追加加工の可否の問題は連産品の問題と組み合わされていることが多い。

4 連産品の問題と組み合わされている場合，結合原価は追加加工してもしなくても変わらないので，埋没原価ということになる。

5 追加加工費のうち変動費については，差額原価として考慮する必要がある。

6 追加加工費のうち固定費については，追加加工することで新たに必要となる原価や追加加工しなければ節約可能な原価などだけを差額原価として考慮する必要がある。

7 追加加工の可否の問題では，追加加工しなかった場合の販売価格と追加加工した場合の販売価格は違うので，差額原価だけではなく差額収益も考慮しなければならない。

8 差額収益から差額原価を差し引いて差額利益を計算して，その利益の大きな案を採用することになる。

□□ **問題** 当社では，２つの製造工程において２種類の製品を生産している。第１工程始点で原料Xを投入して加工し，終点で連産品AとBが分離される。連産品Aと連産品Bは，それぞれロット別に第２工程に投入され，追加加工されて，製品Cと製品Dとして販売されている。これを図示すると次のようになる。

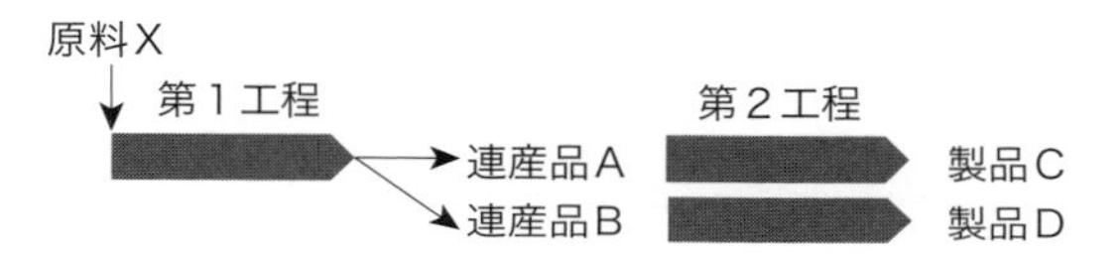

当月の生産計画と予想されるコストなどは，次の<資料>に示すとおりである。

<資料>

1．第１工程では原料Xを8,000kg投入して，連産品A1,000単位と連産品B1,500単位を生産する。第２工程では連産品A1,000単位を追加加工して製品Cを500単位生産し，連産品B1,500単位を追加加工して製品Dを750単位生産する。
2．原料Xの取得原価は，１kg当たり500円である。
3．第１工程において発生する加工費は5,000,000円である。
4．第２工程で発生する加工費については，製品毎に把握できる直接費（すべて変動費）が，製品Cについて800,000円，製品Dについて500,000円発生する。一方，間接費は2,000,000円発生する。間接費については，どちらかの製品の加工をやめれば30％分の発生を回避することができる。両方の製品の加工をやめれば50％分の発生を回避することができる。
5．製品および連産品の市場価格は以下のとおりである。

連産品A	4,500円
連産品B	5,000円
製　品　C	12,000円
製　品　D	13,000円

6．仕掛品，製品等の棚卸資産は一切ない。

以上にもとづいて，次の（1）および（2）の問いに答えなさい。

（1）　市価基準によって連産品ＡとＢの原価を計算しなさい。

（2）　第２工程で両製品とも追加加工するのが有利か，どちらかの製品だけを追加加工するのが有利か，両製品とも追加加工しないのが有利か判断しなさい。

解答・解説

（1）　連産品原価計算

連産品Ａ	3,375,000円
連産品Ｂ	5,625,000円

各連産品の市場価格をベースとする積数は，以下のとおりである。

連産品Ａ　　@4,500円×1,000単位＝4,500,000円

連産品Ｂ　　@5,000円×1,500単位＝7,500,000円

連産品ＡとＢの結合原価は，以下のとおりである。

原料費　　　　@500円×8,000kg＝4,000,000円

第１工程加工費　　5,000,000円

結合原価　　　4,000,000円＋5,000,000円＝9,000,000円

これにより，各連産品の原価は次のように計算される。

配分率　　9,000,000円÷（4,500,000円＋7,500,000円）＝0.75

連産品Ａの原価　　0.75×4,500,000円＝3,375,000円

連産品Ｂの原価　　0.75×7,500,000円＝5,625,000円

（2）　差額原価（収益）分析

両製品とも追加加工する案が有利である。

この場合，検討すべき案が２つ以上あるので，それぞれの案について，意思決定に関連する収益・費用から利益を求めて，利益の一番大きい案が有利ということになる。

＜両製品とも追加加工しない案＞

収益は以下のように計算される。

4,500円×1,000単位＋5,000円×1,500単位＝12,000,000円

第１工程の原価と，どの場合でも回避できない第２工程の50％の間接費は埋没原価であるので，特に費用で考慮すべきものはない。したがって利益は12,000,000円である。

＜連産品Ａだけ追加加工する案＞

収益は以下のように計算される。

12,000円×500単位＋5,000円×1,500単位＝13,500,000円

原価としては，連産品Ａを製品Ｃに加工する際の直接費と，回避できない第２工程の間接費が70％になったことで増加する20％分の間接費ということになる。

800,000円＋2,000,000円×0.2＝1,200,000円

利益は以下のように計算される。

利益＝13,500,000円－1,200,000円＝12,300,000円

＜連産品Ｂだけ追加加工する案＞

収益：4,500円×1,000単位＋13,000円×750単位＝14,250,000円

原価：500,000円＋2,000,000円×0.2＝900,000円

利益：14,250,000円－900,000円＝13,350,000円

＜両製品とも追加加工する案＞

収益：12,000円×500単位＋13,000円×750単位＝15,750,000円

原価（回避できない間接費は50％増える）：800,000円＋500,000円＋2,000,000円×0.5＝2,300,000円

利益：15,750,000円－2,300,000円＝13,450,000円

両製品とも追加加工する案の利益が一番大きいので，この案が有利である。

学習の記録   

15 構造的意思決定１（時間価値）

Summary

1 設備投資案の採否決定のように，企業構造に影響する意思決定は，長期的に業績に影響するため，長期にわたる将来の成果を評価する必要がある。

2 年利率rで運用できる場合，現在価値PV円は複利で運用するとn年後にFV円になるとする。このとき，FVは次のように表される。

$$FV = PV \times (1+r)^n$$

3 将来の成果はキャッシュ・フローによって測定され，これを意思決定時点の価値に引き直すために割引計算を適用する（キャッシュ・フローに関する詳細はユニット16，割引率についてはユニット17で扱う）。n年後のFV円の現在価値PV円は，割引率rを利用して以下のように計算される。この式が複利計算の式から導かれることからわかるように，複利計算と割引計算が裏表の関係にある

$$PV = \frac{FV}{(1+r)^n}$$

4 割引計算は，複利現価係数および年金現価係数を利用することによって簡略に実行できる。複利現価係数は将来の１円の現在価値であり，年金現価係数は将来の一定期間における毎年１円のキャッシュ・フローの現在価値合計である。年利率８％の場合の３年における複利現価係数と年金現価係数は以下のように計算される。

$$複利現価係数 = \frac{1}{(1+0.08)^3} = 0.7938$$

$$年金現価係数 = \frac{1}{(1+0.08)^1} + \frac{1}{(1+0.08)^2} + \frac{1}{(1+0.08)^3} = 2.5771$$

□□ **問題** 以下の＜資料＞にもとづいて，（1）から（4）の問いに答えなさい。

＜資料＞

1．各資産から得られる将来のキャッシュ・フロー（単位：千円）

	1年	2年	3年	4年
A資産	120	180	180	―
B資産	120	120	120	120
C資産	100	100	100	180

2．複利現価係数表の一部

年／利率	8％	9％	10%	11%	12%
1年	0.9259	0.9174	0.9091	0.9009	0.8929
2年	0.8573	0.8417	0.8264	0.8116	0.7972
3年	0.7938	0.7722	0.7513	0.7312	0.7118
4年	0.7350	0.7084	0.6830	0.6587	0.6355
5年	0.6806	0.6499	0.6209	0.5935	0.5674

3．年金現価係数表の一部

年／利率	8％	9％	10%	11%	12%
1年	0.9259	0.9804	0.9709	0.9615	0.9524
2年	1.7833	1.8221	1.7973	1.7732	1.7496
3年	2.5771	2.5943	2.5486	2.5044	2.4614
4年	3.3121	3.3027	3.2316	3.1631	3.0969
5年	3.9927	3.9526	3.8526	3.7565	3.6643

（1） 割引率8％を前提として，A資産における3年目のキャッシュ・フローの現在価値を計算しなさい。

（2） 割引率9％を前提として，A資産におけるキャッシュ・フローの現在価値合計を計算しなさい。

（3） 割引率9％を前提として，B資産におけるキャッシュ・フローの現在価値合計を計算しなさい。

（4） 割引率9％を前提として，C資産におけるキャッシュ・フローの現在価値合計を計算しなさい。

解答・解説

（1） 142.884千円

割引率８％を前提としたＡ資産の３年目のキャッシュ・フロー180千円の現在価値は，複利現価係数表の８％の列の３年目の係数を利用して以下のように計算する。

$$180千円 \times \frac{1}{(1+0.08)^3} \fallingdotseq 180千円 \times 0.7938 = 142.884千円$$

なお，以下に示すように，現在価値142.884千円を３年間にわたって８％で運用すると将来価値180千円になることを確認できる。

$$142.884千円 \times (1+0.08)^3 \fallingdotseq 142.884千円 \times \frac{1}{0.7938} = 180千円$$

（2） 400.590千円

割引率９％を前提としたＡ資産のキャッシュ・フローの現在価値合計は，１年目から３年目のキャッシュ・フローそれぞれの現在価値の合計なので，複利現価係数表の９％の１年目から３年目までの係数を利用して，以下のように計算する。

$$120千円 \times 0.9174 + 180千円 \times 0.8417 + 180千円 \times 0.7722 = 400.590千円$$

（3） 396.324千円

Ｂ資産のキャッシュ・フローは，４年間にわたっての定額120千円であるので，定額の１円を４年間にわたって得られる場合の現在価値合計である年金現価係数を利用できることがわかる。年金現価係数表の９％における４年の係数3.3027を利用することによって，４年間にわたる120千円の現在価値合計は，以下のように簡単に計算できる。

$$120千円 \times 3.3027 = 396.324千円$$

（４） 386.942千円

Ｃ資産におけるキャッシュ・フローは，１年目から３年目までは定額100千円であり，４年目だけが180千円となっている。このような場合には，以下のように，年金現価係数と複利現価係数を組み合わせて利用することによってキャッシュ・フローの現在価値合計を以下のように計算する。

$$100千円 \times 2.5943 + 180千円 \times 0.7084 = 386.942千円$$

以上の（２）から（４）の計算結果を利用することによって，キャッシュ・フローのタイミングと現在価値の関係を確認できる。Ａ資産，Ｂ資産，Ｃ資産の将来に得られるキャッシュ・フローの合計は，いずれも480万円である。

Ａ資産　120＋180＋180＝480
Ｂ資産　120＋120＋120＋120＝480
Ｃ資産　100＋100＋100＋180＝480

それゆえ，各資産間のキャッシュ・フローの違いは，キャッシュ・フローが得られるタイミングのみであり，そのタイミングの違いが現在価値合計の違いを生じさせているといえる。

各資産のキャッシュ・フローの現在価値合計の大小関係は，Ａ資産＞Ｂ資産＞Ｃ資産である。これはＡ資産においてより早いタイミングで多額のキャッシュ・フローが得られ，Ｃ資産においてより遅いタイミングで多額のキャッシュ・フローが得られることが原因となっている。このように，早期に多額のキャッシュ・フローが得られるほど割引計算の影響が小さいため，現在価値合計が大きくなる。

16

学習の記録 ／ ／ ／

構造的意思決定2（キャッシュ・フローの計算）

Summary

1 設備投資案の採否決定においては，特定の投資案を会計単位とする。そのうえで，予測にもとづく会計情報から投資案における収支，すなわち，キャッシュ・フローを計算し，これを利用することによって投資案の経済性を厳密に評価する。

2 典型的な投資案に関するキャッシュ・フローには，初期投資額，その後の年々のキャッシュ・フロー，耐用年数経過後の機械設備等の処分に関連するキャッシュ・フローがあり，投資案の評価のためにはこれらを予測する必要がある。

3 年々のキャッシュ・フローとは，設備投資後の製造・販売活動によって増加するキャッシュ・フローであり，投資案の採用によって増加する収入から増加する支出を控除することによって計算される。

4 年々のキャッシュ・フローは，設備投資によって増加した税引後利益に調整を加えることによっても計算できる。

年々のCF＝増加した税引後利益＋増加した減価償却費

ここで，減価償却費は設備投資額の期間配分額なので，投資後の期間では対応する支出がないために戻し加える（投資額に対する成果を計算するからでもある）。この計算式でキャッシュ・フローが計算できるのは，運転資本の増減に経済的重要性がないことが前提である。

5 売上債権，棚卸資産，仕入債務などの運転資本の増加（減少）は，年々のキャッシュ・フローにマイナス（プラス）の影響を与えるので，その増減が金額的に重要な場合には，年々のキャッシュ・フローの計算上，運転資本の増減を考慮する。

□□ **問題** 以下の<資料>にもとづいて，（1）および（2）の問いに答えなさい。なお，利益に対する税率は30%とする。

<資料>

1．投資案について予測される将来損益は以下のとおりである。

（単位：千円）

	1年度	2年度	3年度
売上高	1,000	1,500	1,200
費　用	700	1,000	800

費用には減価償却費が含まれているが，利益に対する税金の費用は含まれていない。

2．投資案における対象となる機械は，初期投資額（取得原価）2,000千円であり，耐用年数5年，残存価額は取得原価の10%，定額法で減価償却する。

（1） 運転資本について次の仮定をおいた場合の年々のキャッシュ・フローを①と②それぞれについて計算しなさい。

① 運転資本の残高に増減がない。

② 運転資本の残高が以下のように変動する。

	投資時点	1年度	2年度	3年度
運転資本残高	80	150	100	0

（2） 以下に示す売却処分額の場合について，3年度末の機械の処分に伴うキャッシュ・フローを計算しなさい。

① 売却処分価額　200千円

② 売却処分価額　0千円

③ 売却処分価額　1,000千円

解答・解説

（1）

	1年度	2年度	3年度
①のキャッシュ・フロー	410	550	480
②のキャッシュ・フロー	340	600	580

①の仮定では，売掛金などの運転資本の増減がないと仮定されているため，売上高は売上収入と同額であり，また，費用のうち減価償却以外は支出と同額である。このような場合には，当期純利益に現金支出のない減価償却費を戻し加えることによって，年々のキャッシュ・フローを計算することができる。各年のキャッシュ・フローの計算は，以下に示すとおりである。

	1年度	2年度	3年度
売上高	1,000	1,500	1,200
費　用	700	1,000	800
税引前利益	300	500	400
税　金（30%）	90	150	120
当期純利益	210	350	280
減価償却費（加算）	360	360	360
キャッシュ・フロー	570	710	640

これに対して，②の仮定では，運転資本は日常業務の遂行に必要な支出であり，運転資本の増加はキャッシュ・フローを減少させる。たとえば，売掛金の増加は売上高よりも売上収入が少なくなること，すなわち，キャッシュ・フローが減少することを意味する。そこで，②では，運転資本の増加額を計算し，すでに計算している①のキャッシュ・フローから控除する必要がある。運転資本の増加額は以下のように計算される。

	現在	1年度	2年度	3年度
運転資本残高	80	150	100	0
運転資本の増加	−	70	−50	−100

これを利用して，②の場合のキャッシュ・フローは以下のように計算される。

	1年度	2年度	3年度
①のキャッシュ・フロー	570	710	640
運転資本の増加額（控除）	70	−50	−100
②のキャッシュ・フロー	500	760	580

ここで，運転資本の減少額は加算されている。

（2）

① 200 千円

② 60 千円

③ 760 千円

ここでは，耐用年数（投資期間）経過後における機械の処分に伴うキャッシュ・フローへの影響を計算する。①から③を計算するにあたって，3年度末の簿価が，200千円（＝2,000千円×0.1）となっている。これを利用して，①から③のキャッシュ・フローへの影響は以下のように計算できる。

①の売却処分額は200千円であるため，その金額がキャッシュ・フローとなる。このケースでは，売却処分額＝簿価であり，売却処分において損益は発生しないため，税金の金額への影響はない。

②の売却額は0千円であるため，売却処分額自体からのキャッシュ・フローは生じない。しかし，簿価200千円の機械の売却処分が損失200千円を生じさせ，その分だけ課税所得計算上の損金が増加する。その結果，税金の支払額が60千円（＝200千円×0.3）だけ，投資案を採択しなかった場合よりも減少するので，その分だけキャッシュ・フローが増加する。

③の売却処分額は1,000千円であるため，その金額がキャッシュ・フローとなる。しかし，売却処分において売却益800千円（＝1,000千円－200千円）が生じるため，その分だけ課税所得が増加し税金の支払額が240千円（＝800千円×0.3）増加する。結果として，キャッシュ・フローは760千円（＝1,000千円－240千円）増加する。

学習の記録 ／ ／ ／

17 構造的意思決定3 (資本コスト)

Summary

1 資本コストとは，投資において要求される利益率であり，投資主体が投資について要求する最低限の利益率である。一般に，投資主体はリスクを嫌うので，リスクが高い投資案に対する要求利益率は高くなる。

2 資本コストは，特定の投資案の採否を決定する際に，カットオフ・レートとして機能する。すなわち，投資案の利益率が資本コストを上回る場合には採択され，下回る場合には棄却される。

3 資本コストは投資案の価値を評価するためにも利用される。具体的には投資から得られるキャッシュ・フローを現在時点の価値に割り引く際の割引率として利用される。初期投資額が投資案の価値を下回る場合に投資案を採用することで追加的な価値が得られる。

4 企業が運用する資金の全額を株主から資金調達している場合には，株主の要求利益率である株主資本コストが，企業の資本コストである。

5 企業が運用する資金の一部を債権者から調達している場合には，債権者が要求する資本コスト（負債資本コスト）と株主資本コストを各主体からの調達資金の価値をウエイトとして加重平均した資本コスト（加重平均資本コスト，WACC）が企業の資本コストとなる。

6 投資案の評価において予測する将来キャッシュ・フローは税引後のキャッシュ・フローであるため，割引率も税引後の資本コストを計算する。負債資本コストは一般に税引前の資本コストとして把握されるので，これを税引後の負債資本コストとしたうえで，株主資本コストと加重平均する。具体的には，WACCは以下のように計算される。

WACC＝負債資本コスト×（１－税率）×負債のウエイト

＋株主資本コスト×株主資本のウエイト

□□ **問題 1** A氏は１年間で10%の利益を生み出すX投資案にいつでも投資できる。このとき，A氏は以下の２つの投資案（X投資案と同程度のリスクである）を採用するべきか。それぞれの投資案について，①投資案の利益率，および②投資案の価値を計算することによって判断しなさい。

Y投資案：初期投資額200千円で，１年後に215千円のキャッシュ・フローを獲得できる。

Z投資案：初期投資額300千円で，１年後に336千円のキャッシュ・フローを獲得できる。

□□ **問題 2** 加重平均資本コストを算定するために必要な資料は以下のとおりである。このとき，この企業における加重平均資本コストを計算しなさい。

<資料>

1．要約財務諸表等

要約財務諸表 （単位：千円）

資産	8,000	無利子負債	1,000
		有利子負債	3,000
		株主資本	4,000
	8,000		8,000

有利子負債の価値は3,000万円，純資産の価値は5,000万円である。

2．資金調達源泉別の資本コスト

負債資本コスト　３%，　株主資本コスト　８%

3．税率

利益に対する課税率は30%である。

解答・解説

問題 1

①

投資案	利益率	採否	理　由
Y	7.5%	否	利益率が資本コスト10%を下回っている
Z	12.0%	採	利益率が資本コスト10%を上回っている

A氏は，すでに10%の利益率を生み出すX投資案を有しているので，A氏にとって最低限必要となる利益率は年10%である。それゆえ，YおよびZの投資案において考慮するべき資本コストは10%である。

①においては利益率をベースに投資判断をする。それぞれの投資案における利益率は以下のように計算される。

Y投資案の利益率　　215千円÷200千円－1＝0.075
Z投資案の利益率　　336千円÷300千円－1＝0.120

これにより，Y投資案の利益率は資本コストを下回るので棄却し，Z投資案の利益率は資本コストを上回るので採択するのが合理的である。このように，資本コストは投資案を収益性によって選択する際のカットオフ・レート（棄却率）として機能する。

②

投資案	現在価値	採否	理　由
Y	195.45千円	否	現在価値が初期投資額を下回る
Z	305.45千円	採	現在価値が初期投資額を上回る

②においては，投資案を採用した場合の将来キャッシュ・フローの現在価値を計算し，これと初期投資額の大小関係によって有利か否かを判断する。Y投資案の現在価値は，将来キャッシュ・フローの215万円を1年分割り引くことによって，以下のように計算される。

215千円÷（1＋0.1）＝195.45千円

ここで，現在価値の195.45千万円は初期投資額200万円を下回るので，棄却するべきである。これに対して，Z投資案は将来キャッシュ・フローの現在価値が初期投資額を上回る，すなわち，追加的な価値をもたらすので採択するべきである。将来キャッシュ・フローの現在価値と初期投資額との差額を正味現在価値というが，これについてはユニット18でさらに説明する。なお，以上の計算からわかるように，①と②の判断は一致する。

問題 2

加重平均資本コスト　5.7875　%

企業は調達した資金を運用することによって，資金提供者が要求する利益を提供する必要がある。本問の会社は，その財務諸表からわかるように，利益を要求する資金提供者は株主資本の提供者である株主と有利子負債の提供者である債権者である。なお，債権者にとって利子が利益である。

加重平均資本コストを計算する際には，資金提供者の提供額をベースにウエイトを計算する。この場合，評価時点での資金提供額をウエイトにするべきなので，有利子負債および株主資本の簿価ではなく価値をウエイトとする。有利子負債と株主資本におけるウエイトは以下のとおりである。

	ウエイト	計　算
有利子負債	0.375	3,000千円÷(3,000千円+5,000千円)
株主資本	0.625	5,000千円÷(3,000千円+5,000千円)

さらに，投資案の評価における将来キャッシュ・フローは税引後のキャッシュ・フローなので，加重平均資本コストも税引後の要求利益率として計算する。ここで，負債資本コストは一般に税引前の要求利益率（有利子負債における利子率）であるため，これを税引後の利益率とする必要がある。以上から，本問の加重平均資本コストは以下のように計算される。

$$\text{WACC} = 3\% \times (1 - 0.3) \times 0.375 + 8\% \times 0.625 = 5.7875\%$$

なお，有利子負債の価値や株主資本の価値が不明な場合には，簿価を利用して加重平均資本コストを近似的に計算する場合がある。この場合の加重平均資本コストは以下のように計算される。

$$\text{WACC} = 3\% \times (1 - 0.3) \times 3{,}000\text{千円} / (3{,}000\text{千円} + 4{,}000\text{千円}) + 8\% \times 4{,}000\text{千円} / (3{,}000\text{千円} + 4{,}000\text{千円}) \fallingdotseq 5.4714\%$$

学習の記録 ／ ／ ／

18 構造的意思決定4（回収期間と正味現在価値）

Summary

1 回収期間は，投資後，どの程度の期間で初期投資額が回収されるかを表す指標である。多額の投資支出は流動性を大きく低下させるので，この指標によって低下した流動性が回復するスピードを測定する。回収期間が短いほど財務的に安全であることを意味する。

2 投資案の初期投資額はI円，その後の年々のキャッシュ・フローは1年後CF_1，2年後CF_2，3年後CF_3とする。この投資案について，$CF_1+CF_2<I<CF_1+CF_2+CF_3$であれば，初期投資額が回収されるのは3年目であることから，この場合，回収期間は次のように計算される。なお，カッコ内は初期投資額のうち2年経過後に未回収となっている金額である。

$$回収期間=2年+(I-CF_1-CF_2)\div CF_3$$

3 正味現在価値（Net Present Value，NPV）は投資案を収益性の観点から評価するための指標であり，以下のように計算される。

$$NPV=年々のCFの現在価値合計-初期投資額$$

これは，投資から得られる将来キャッシュ・フローの初期投資時点における価値（投資案の価値）から初期投資額を控除することによって，すなわち，初期投資時点における価値をベースに，成果（将来CFの現在価値合計）マイナス犠牲（初期投資額）によって収益性を評価する指標である。

4 上記の投資案について正味現在価値は，以下のように計算される。

$$NPV=\sum_{t=1}^{3}\frac{CF_t}{(1+k)^t}-I$$

なお，割引率kは資本コストであり，加重平均資本コストや特定の投資案のリスクを反映した資本コストである。

□□ **問題** 以下の投資案に関する<資料>にもとづいて，（1）から（3）の問いに答えなさい。なお，最終的な解答の小数点第3位を四捨五入すること。

<資料>

現在使用中の旧型機械Aを新型機械AAに取り替える。これによって，材料消費量および労働作業量が効率化される。その結果，製造原価のうち現金支出を伴う原価が1個当たり2,600円節約できる。

機械設備の初期投資額（取得原価），耐用年数，減価償却方法は以下のとおりである。

	機械A	機械AA
初期投資額	19,200千円	20,000千円
耐用年数	8年	5年
減価償却法	残存価額ゼロ，定額法	残存価額ゼロ，定額法

なお，旧型機械Aはすでに3年間使用している。

さらに，将来5年間の製品予想販売量は以下のとおりである。

	1年	2年	3年	4年	5年
販売量	2,800	3,200	3,400	3,000	2,000

（1） 投資案を実行することによって削減される年々のキャッシュ・フローを計算しなさい。利益に対する税率は30%とする。

（2） 投資案の回収期間を計算しなさい。

（3） 投資案の正味現在価値を計算し，そのうえで，投資するべきか否かの判断を理由を付して答えなさい。資本コストは8%である。なお，複利現価係数はユニット15を参照すること。なお，各年のキャッシュ・フローは年度末に生じるものとする。

解答・解説

（1）

	キャッシュ・フロー（千円）
1年目	5,576
2年目	6,304
3年目	6,668
4年目	5,940
5年目	4,120

投資案を採択することによる経済効果は2つの要因から生じる。1つは生産効率の上昇による製造原価の削減の効果であり，もう1つは新型機械に取り替えることによる減価償却費の増加に伴う税金の削減効果である。1年目の現金支出費用の削減額は，予想販売量に1個当たり削減額を乗じることによって以下のように計算される。

2,600円／個×2,800個＝7,280千円

ここで，費用削減は課税所得を増加させることに注意すると，費用削減によるキャッシュ・フローへの影響は以下のように計算される。

7,280千円×（1－0.3）＝5,096千円

さらに，機械設備を取り替えることによって減価償却費が増加する。減価償却費は課税所得の計算上損金算入されるため，増加した分の課税所得が減少し，それに対応して税金が減少する。その計算は以下のとおりである。

AAの減価償却費　20,000千円÷5年＝4,000千円
Aの減価償却費　19,200千円÷8年＝2,400千円
税金削減額　（4,000千円－2,400千円）×0.3＝480千円

以上より，1年目のキャッシュ・フローは以下のように計算される。

5,096千円＋480千円＝5,576千円

２年目以降は以下のとおりである。

２年目　2,600円／個×3,200個×（1－0.3）＋480千円＝6,304千円
３年目　2,600円／個×3,400個×（1－0.3）＋480千円＝6,668千円
４年目　2,600円／個×3,000個×（1－0.3）＋480千円＝5,940千円
５年目　2,600円／個×2,000個×（1－0.3）＋480千円＝4,120千円

（２）　回収期間　3.06　年

１年目から順次キャッシュ・フローを累積すると以下のようになる。

	キャッシュ・フロー累積額
１年目	5,576
２年目	11,880
３年目	18,548
４年目	24,488
５年目	28,608

累積額からわかるように，初期投資額が全額回収されるのは４年目である。そこで，回収期間は以下のように計算される。

３年＋(20,000千円－18,548千円)÷24,488千円／年＝3.0592年

（３）　正味現在価値　3,030.27　千円
判断　採択すべきである
理由　正味現在価値がプラスであるから

（１）のキャッシュ・フローは投資案を採用することによって得られる追加的なキャッシュ・フローである。投資案の正味現在価値は問（１）のキャッシュ・フローの現在価値から初期投資額を控除することによって，以下のように計算される。

5,576千円×0.9259＋6,304千円×0.8573＋6,668千円×0.7938
＋5,940千円×0.7350＋4,120千円×0.6806－20,000千円
＝3,030.268千円

学習の記録 ／ ／ ／

19 構造的意思決定 5（会計的利益率と内部収益率）

Summary

1 会計的利益率は，投資案の収益性を評価するための指標であり，以下のように計算される

$$会計的利益率 = \frac{平均当期純利益}{平均投資額}$$

これによって投資案全体の平均的収益性を計算する。

2 分子は投資案によって追加的に得られる当期純利益の期間平均値であり，取替投資の場合には，費用の節約額が追加的な当期純利益となる。分母の平均投資額は，投資期間における平均的な投資額であり，以下のように計算される。

$$平均投資額 = (初期投資額 - 残存価額) \div 2$$

3 内部収益率（internal rate of return, IRR）は，以下の式を満たす割引率 r である。

$$I = \frac{CF_1}{1+IRR} + \frac{CF_2}{(1+IRR)^2} + \cdots + \frac{CF_n}{(1+IRR)^n}$$

ここで，I は初期投資額，r は割引率，n は耐用年数である。IRR は正味現在価値がゼロとなる割引率である。

4 IRR は複利計算を前提とした利益率であり，IRR が資本コストを上回るとき，投資案の利益率が要求収益率を上回ることを意味し，そのことは投資案を採択すべきであることを示唆する。

5 IRR を実際に計算する場合には，PC のアプリケーションを利用するのが実際的であるが，PC を利用しない場合には，試行錯誤で IRR を求めたり，あるいは近似的に IRR を計算したりする。近似計算については，問題の解説において説明する。

□□ **問題 1** 以下の投資案について内部収益率を計算しなさい。なお，計算にあたって，ユニット15の年金現価係数表を利用し，正味現在価値と割引率の関係は１％を区間として線形であるとする。なお，最終的な解答の小数点第３位を四捨五入すること。

＜投資案＞

初期投資額は10,000千円であり，耐用年数は５年間である。また，この投資によって追加的に得られるキャッシュ・フローは５年間一定で毎年2,700千円である。なお，キャッシュ・フローは年度末に生じるものとする。

□□ **問題 2** 以下の投資案について，下記の（1）および（2）の問いに答えなさい。なお，最終的な解答の小数点第３位を四捨五入すること。

＜投資案＞

新製品の製造のために機械に投資をする。機械設備の初期投資額は72,000千円，同機械設備は耐用年数３年，残存価額ゼロ，定額法によって減価償却する。

同新製品に関する損益予測（単位：千円）は以下のとおりである。

	１年度	２年度	３年度
売上高	80,000	100,000	72,000
費用	77,000	91,000	66,000
税引前利益	3,000	9,000	6,000
法人税等	900	2,700	1,800
当期純利益	2,100	6,300	4,200

費用に減価償却費が含まれているが，利益に対する税金は含まれていない。資本コストは８％である。

（1） 投資案の会計的利益率を計算しなさい。

（2） 投資案の内部利益率を問題１と同様の方法で計算し，採否について理由を付して判断しなさい。なお，キャッシュ・フローは年度末に生じるものとし，ユニット15の複利現価係数表を利用すること。

解答・解説

問題 1

11.12 %

下図は，割引率とNPVの関係を示している。割引率を高めるとNPVは減少するが，それは直線的ではなく図中の曲線で示しているような減少の仕方をする。IRRはNPVがゼロとなる割引率なので，横軸と交わるa点がIRRである。これを試行錯誤で計算するのは手間がかかるため，曲線の一部を直線で置き換えてIRRの近似値を求める場合がある。図中の点線がそれを示しており，ここでは１％区間で直線をあてはめ，点線と横軸の交点bの割引率をIRRの近似値とする（abが誤差である）。

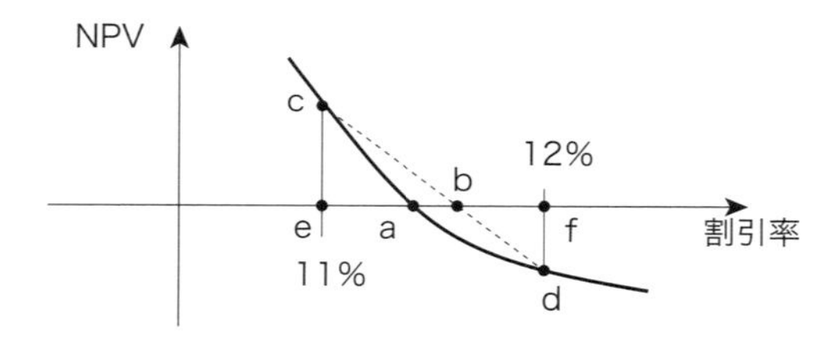

b点における割引率をxとする。グラフにおいて三角形bceと三角形bdfが相似形であることを利用すると，線分ce：線分df＝線分be：線分bfであり，これを数値に置き換えると下のような関係式となる。

$$142.55 : 106.39 = x - 11\% : 12\% - x$$

ここで割引率11％と12％のNPVは以下のように年金現価係数を利用して計算できる。比においては，線分の長さを表すために11％のNPVの絶対値を利用する。

割引率11％　　2,700千円×3.7565－10,000千円＝　142.55

割引率12％　　2,700千円×3.6643－10,000千円＝－106.39

このとき，比率の性質からA：B＝C：DならばAD＝BCとなるので，142.55×（12％－x）＝106.39×（x－11％）であり，これを解くとxは0.1157％であることがわかる。ゆえに，IRRは11.1157％である。

問題2

（1） 11.67%

（1）は平均当期純利益と平均投資額を計算する必要がある。この投資案から獲得される追加的当期純利益の予測値は問題文に与えられているので，投資期間における平均値を以下のように計算する。

平均当期純利益 (2,100＋6,300＋4,200)÷3＝4,200千円

一方で平均投資額は下図より初期投資額と残存価値（本問ではゼロ）を合計を2で割ることによって計算される（nは耐用年数終了時点である）。

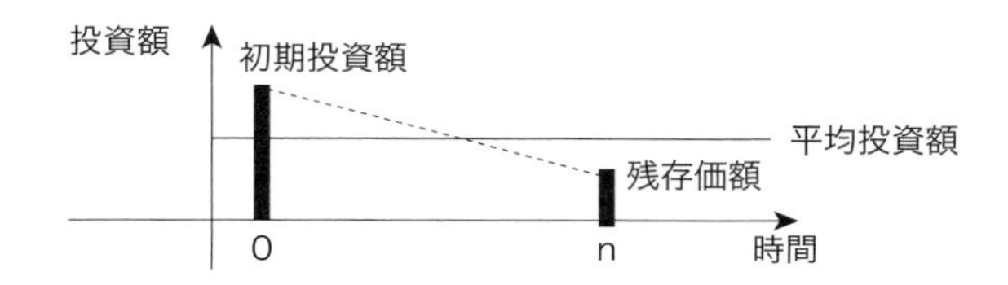

平均投資額 (72,000千円＋0)÷2＝36,000千円

以上より，会計的利益率は4,200千円÷36,000千円≒0.116667，すなわち11.67%となる。

（2） 内部収益率8.40%が資本コスト8%を上回っているため採用すべき

（2）では，まず各年のキャッシュ・フローを以下のように計算する。運転資本は考慮不要なので，各年のキャッシュ・フローは当期純利益に減価償却費（24,000千円＝72,000千円÷3）を加えることによって計算する。さらに，割引率8%と9%における正味現在価値は以下のとおりである。

割引率8%のNPV　527.34＝26,100千円×0.9259＋30,300千円×0.8573＋28,200千円×0.7938－72,000千円

割引率9%のNPV　－776.31＝26,100千円×0.9174＋30,300千円×0.8417＋28,200千円×0.7722－72,000千円

NPVと割引率の関係は問題1の図と同様なので，問題1と同様にIRRを求めると，527.34×（9%－x）＝776.31×（x－8%）であり，これを解くとxは0.4045…%であることがわかる。ゆえに，IRRは8.4045%であり，資本コストを上回っているのでこの案は採用すべきである。

学習の記録 ／ ／ ／

20 ABC

Summary

1 活動基準原価計算（activity-based costing：ABC）とは，原価を活動に跡付けることで活動原価を計算して，活動の利用度をもとに活動原価を製品に割り当てる原価計算の方法である。

2 ABCの計算方法は，活動原価の計算と製品原価の計算という2つの段階に分けられる。

3 第1段階（活動原価の計算）では，資源ドライバーをもとに，原価を段取活動，組立活動，検査活動などの活動に跡付けることで，活動原価（コストプール）が計算される。資源ドライバーとは，企業内部のさまざまな活動を遂行するために，経営資源が消費される程度を示す尺度を意味している。

4 第2段階（製品原価の計算）では，活動ドライバーをもとに，活動原価が製品に割り当てられる。活動ドライバーとは，製品を製造するために活動を利用する程度を示す尺度を意味しており，活動の性質は製品単位レベル活動（直接作業時間など），バッチ・レベル活動（段取活動など），製品支援活動（設計など），工場支援活動（一般管理活動）などに分類される。

5 ABCは，伝統的な原価計算よりも正確に製造間接費を製品に跡付けることによって，製品の価格決定，製品ミックスの決定，収益性分析などを改善することが期待されている。

6 ABC情報を利用した継続的改善活動は活動基準管理（ABM），ABC情報を利用した予算管理は活動基準予算（ABB）と呼ばれる。

□□ **問題** 次の<資料>にもとづいて，購買部門で発生した製造間接費について，活動基準原価計算による製品Pと製品Qの１個当たり割当額を答えなさい。

<資料>

1．購買部門で発生した製造間接費

給料	2,400,000円
リース代	200,000円
通信費	72,000円

2．資源ドライバー

	資源ドライバー	活動				
		契約	発注	検収	運搬	合計
給料	作業時間（時間）	300	200	100	200	800
リース代	端末台数（台）	2	1	1	1	5
通信費	通信時間（時間）	60	20	20	20	120

3．活動ドライバー

	活動ドライバー	製品P	製品Q	合計
契約	材料の発注先変更回数（回）	4	6	10
発注	材料の発注件数（件）	8	8	16
検収	納入された材料の検収件数（件）	800	200	1,000
運搬	納入された材料の検収件数（件）	800	200	1,000

4．生産データ

	製品P	製品Q
生産量（個）	400	100
直接作業時間（時間）	400	100

解答・解説

製品Ｐの１個当たり割当額　3,839円
製品Ｑの１個当たり割当額　11,364円

活動基準原価計算の第１段階では，まず，経済的資源（購買部門の製造間接費）を，該当する資源ドライバーの合計で割って資源ドライバー率を計算する。

給料の資源ドライバー率＝2,400,000円÷800時間＝3,000円／時間
リース代の資源ドライバー率＝200,000円÷５台＝40,000円／台
通信費の資源ドライバー率＝72,000円÷120時間＝600円／時間

次に，各活動の資源消費量に資源ドライバー率を掛けて，活動原価（各活動が消費した購買部門の製造間接費の合計額）を計算する。

契約の活動原価＝（給料の資源ドライバー率3,000円×300時間）
＋（リース代の資源ドライバー率40,000円×２台）
＋（通信費の資源ドライバー率600円×60時間）
＝1,016,000円
発注の活動原価＝（給料の資源ドライバー率3,000円×200時間）
＋（リース代の資源ドライバー率40,000円×１台）
＋（通信費の資源ドライバー率600円×20時間）
＝652,000円
検収の活動原価＝（給料の資源ドライバー率3,000円×100時間）
＋（リース代の資源ドライバー率40,000円×１台）
＋（通信費の資源ドライバー率600円×20時間）
＝352,000円
運搬の活動原価＝（給料の資源ドライバー率3,000円×200時間）
＋（リース代の資源ドライバー率40,000円×１台）
＋（通信費の資源ドライバー率600円×20時間）
＝652,000円

活動基準原価計算の第２段階では，まず，それぞれの活動原価を，該当する活動ドライバーの合計で割って，活動ドライバー率を計算する。

契約活動ドライバー率＝1,016,000円÷10回＝101,600円／回
発注活動ドライバー率＝652,000円÷16件＝40,750円／件
検収活動ドライバー率＝352,000円÷1,000件＝352円／件
運搬活動ドライバー率＝652,000円÷1,000件＝652円／件

次に，活動ドライバー率を各製品の活動の利用度に掛けて，各製品における購買部門の製造間接費の割当額を計算する。

製品Ｐの割当額＝(契約活動ドライバー率101,600円×４回)＋(発注活動ドライバー率40,750円×８件)＋(検収活動ドライバー率352円×800件)＋(運搬活動ドライバー率652円×800件)＝1,535,600円
製品Ｑの割当額＝(契約活動ドライバー率101,600円×６回)＋(発注活動ドライバー率40,750円×８件)＋(検収活動ドライバー率352円×200件)＋(運搬活動ドライバー率652円×200件)＝1,136,400円

購買部門の製造間接費に関する製品１個当たりの割当額は，各製品の生産量を考慮して，以下のように計算される。

製品Ｐの１個当たり割当額＝1,535,600円÷400個＝3,839円
製品Ｑの１個当たり割当額＝1,136,400円÷100個＝11,364円

活動基準原価計算の適用によって，製品Ｐと製品Ｑの１個当たり割当額が異なる理由は，製品Ｑの方が必要とされる契約活動の活動量が多いことに加えて，生産量が少ないことである。

なお，購買部門の製造間接費を，通常の原価計算により直接作業時間を基準として製品に配賦する場合には，配賦率が１時間当たり5,344円である。この場合には，製品Ｐと製品Ｑの１個当たりの配賦額はいずれも5,344円であるため，本来負担すべき原価が不明確になるといえる。

学習の記録 ／ ／ ／

21 BSC

Summary

1 BSC（Balanced Scorecard）は，財務的指標だけではなく，非財務的指標を併用して多面的に企業業績を管理する業績測定システムであり，同時に戦略ナビゲーターでもある。財務的指標は，利益，収益，費用といった会計数値，もしくは，総資本経常利益率（ROA）など，会計数値によって構成される数値を指す。非財務的指標は，顧客満足度，不良率など，財務的指標以外の金額表示されない数値を指す。

2 財務の視点，顧客の視点，社内ビジネス・プロセスの視点，学習と成長の視点という4つの視点で構成される。財務の視点は，企業が最終的にどのような財務成果を目指す必要があるのかについて明確にする。顧客の視点は，企業が重要だと考えている顧客層がその企業やその企業が提供する製品やサービスをどのようにみているのかを示す。社内ビジネス・プロセスの視点は，企業がターゲットとする顧客へ価値を提供できるように業務が遂行できているのかについてみる。学習と成長の視点は，長期的な成長と業績改善を行うための組織基盤がどれくらい整備されているかを表す。

3 BSCは，戦略目標，業績指標，基準値，実行プランという4つの項目で構成される。戦略目標は，戦略遂行にあたり各視点において実現すべき目標である。業績指標は，戦略目標の達成度を測定する尺度である。基準値は，業績指標に関して達成すべき目標値である。実行プランは，業績指標を向上させるための行動計画を示す。

4 戦略マップは，BSCの戦略目標間の関係を図示するツールである。BSCを作成する前に描かれる。戦略マップでは，学習と成長の視点→社内ビジネス・プロセスの視点→顧客の視点→財務の視点という順番で因果関係を設定している。

□□ **問題 1** 以下の資料は，Kaplan と Norton が提唱したモデルに依拠して作成された，A社の戦略マップの一部である。それぞれのカッコにあてはまる記号を選択欄から選び，解答しなさい。

<資料>

A社の戦略マップ

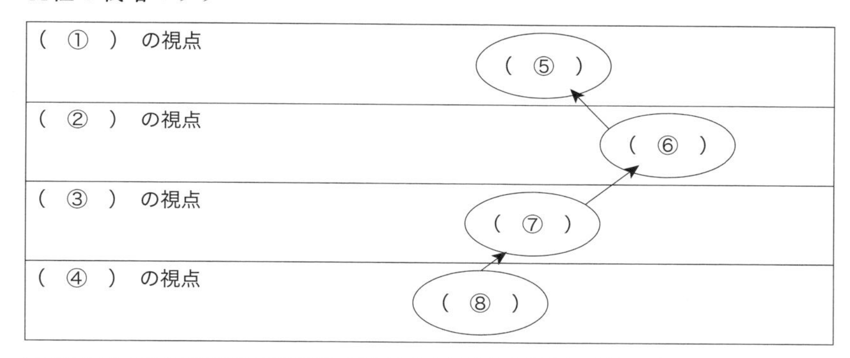

【選択欄】

ア：環境　イ：顧客　ウ：社内ビジネス・プロセス　エ：学習と成長

オ：財務　カ：優秀な設計担当者の雇用　キ：売上高10億円達成

ク：市場占有率　ケ：若い顧客層の開拓　コ：収益の向上

サ：新製品開発の促進

□□ **問題 2** 以下の＜資料＞は，問題1の戦略マップにもとづいて作成したA社のBSCである。それぞれのカッコにあてはまる記号を選択欄から選び，解答しなさい。

<資料>

A社のBSC

視点	戦略目標	業績指標	基準値	実行プラン
（ ① ）	（ ② ）	（ ③ ）	（ ④ ）	（ ⑤ ）
（ ⑥ ）	（ ⑦ ）	（ ⑧ ）	（ ⑨ ）	（ ⑩ ）
（ ⑪ ）	（ ⑫ ）	（ ⑬ ）	（ ⑭ ）	（ ⑮ ）
（ ⑯ ）	（ ⑰ ）	（ ⑱ ）	（ ⑲ ）	（ ⑳ ）

【選択欄】
ア：環境の視点　イ：顧客の視点　ウ：社内ビジネス・プロセスの視点
エ：学習と成長の視点　オ：財務の視点　カ：優秀な設計担当者の雇用
キ：収益の向上　ク：若い顧客層の開拓　ケ：新製品開発の促進
コ：地球温暖化の抑制　サ：20代の新規顧客獲得率　シ：不良率
ス：新製品開発件数　セ：売上高　ソ：設計担当者の採用人数
タ：10億円　チ：200回　ツ：20%　テ：15人　ト：100件
ナ：SNSによる製品紹介　ニ：従業員調査の実施
ヌ：設計担当者の業務内容・待遇の明確化　ネ：販売価格下落の抑制
ノ：製品開発プロセスの見直し

解答・解説

問題1

①	オ	②	イ	③	ウ	④	エ
⑤	コ	⑥	ケ	⑦	サ	⑧	カ

戦略マップでは，学習と成長の視点の向上が社内ビジネス・プロセスの視点の向上につながり，社内ビジネス・プロセスの向上が顧客の視点の向上につながり，顧客の視点の向上が最終的に財務の視点につながるという関係を想定している。BSCおよび戦略マップでは，環境の視点は設定されず，環境に関する戦略目標は社内ビジネス・プロセスの視点に組み込むとしている。

戦略マップは，戦略目標を図示するツールである。⑤から⑧は，４つの視点の意味を理解したうえで，それぞれの視点にもっともあてはまる戦略目標を選択する。財務の視点には「コ：収益の向上」，顧客の視点には「ケ：若い顧客層の開拓」，社内ビジネス・プロセスの視点には「サ：新製品開発の促進」，学習と成長の視点には「カ：優秀な設計担当者の雇用」がもっともあてはまる戦略目標である。なお，「キ：売上高10億円達成」は戦略目標にみえるが，業績指標と基準値を合わせたものとなっており，戦略目標ではない。「ク：市場占有率」は業績指標であり，戦略目標ではない。

問題2

①	オ	②	キ	③	セ	④	タ	⑤	ネ
⑥	イ	⑦	ク	⑧	サ	⑨	ツ	⑩	ナ
⑪	ウ	⑫	ケ	⑬	ス	⑭	ト	⑮	ノ
⑯	エ	⑰	カ	⑱	ソ	⑲	テ	⑳	ヌ

問題1で描いた戦略マップにもとづいてBSCを作成するため，視点と戦略目標についてはそのままBSCに組み込む。

業績指標は戦略目標の達成度を測定する尺度なので，②の業績指標③は「セ：売上高」，⑦の業績指標⑧は「サ：20代の新規顧客獲得率」，⑫の業績指標⑬は「ス：新製品開発件数」，⑰の業績指標⑱は「ソ：設計担当者の採用人数」となる。なお「シ：不良率」は対応する戦略目標がない。

基準値は，業績指標に関して達成すべき目標値なので，業績指標を測定する単位に着目する。③は金額表示されるため④は「タ：10億円」，⑧は率で表示されているため⑨は「ツ：20%」，⑬は件数表示のため⑭は「ト：100件」，⑱は人数表示のため⑲は「テ：15人」となる。なお，回数で表示する業績指標がないため，「チ：200回」はどれにもあてはまらない。

実行プランには，業績指標を向上する具体的な方策を記述する。売上高＝販売価格×販売数量と考えると，⑤は「ネ：販売価格下落の抑制」となる。⑧を向上するには製品をアピールすることが有効なため，⑩は「ナ：SNSによる製品紹介」となる。⑮は業務の進め方に着目した「ノ：製品開発プロセスの見直し」となる。応募者に納得してもらうことが採用する際に有効なため，⑳は「ヌ：設計担当者の業務内容・待遇の明確化」となる。なお，このBSCで「ニ：従業員調査の実施」が直接的に関与する業績指標はない。

学習の記録   

22 原価企画（概要と特徴・理論）

Summary

1 原価企画にはさまざまな定義がある。その中の1つに，「製品の企画・開発にあたって，顧客ニーズに適合する品質・価格・信頼性・納期等の目標を設定し，上流から下流に及ぶすべてのプロセスでそれらの目標の同時的な達成を図る，総合的利益管理活動」（日本会計研究学会特別委員会（1996）『原価企画研究の課題』）という定義がある。

2 上記の定義から，原価企画の特徴を抽出すると，（1）源流管理，（2）マーケットインをあげることができる。

3 原価企画における目標原価の設定方法は大きく3つの方法がある。まず積上法では，既存製品の原価を出発点として，新たに追加される機能を達成するための原価を追加し，取り除かれる機能分の原価を排除することにより目標原価が設定される。次に控除法では，予想売価から目標利益を差し引くことにより目標原価を算定し，設定する。控除法は，予想売価を出発点としていることから，マーケットインという特徴に合致する。折衷法では，積上法で算定された原価と控除法で算定された原価を擦り合わせて目標原価が設定される。

4 原価企画は，さまざまな取り組みやツールのうえに成り立っている。（1）マイルストーン管理は，製品開発プロジェクトの節目ごとに達成目標を設定し，進捗状況をチェックすることである。（2）ラグビー型の製品開発は，製品開発の各ステップをオーバーラップさせて同時並行的に開発を進めることである。（3）クロスファンクショナルチームは，複数部門の担当者によって形成された職能横断チームである。（4）サプライヤー関係は，部品を供給するサプライヤーを製品開発に参加させることである。（5）VE（Value Engineering：価値工学）は，製品設計の改善をすることによってできるだけ低いコストで高い機能を実現することを目指す活動である。（6）コストテーブルは，原価の見積もりやコスト低減の評価を行う際に活用されるデータベースである。

□□ **問題 1** 以下の空欄に当てはまる語句を記入しなさい。

原価企画は，製品の（　①　）・開発にあたって，（　②　）に適合する品質・（　③　）・信頼性・納期等の目標を設定し，上流から下流に及ぶすべてのプロセスでそれらの目標の（　④　）な達成を図る，総合的（　⑤　）活動である。原価企画の特徴として，コストの（　⑥　）原因が確定する時点で十分に原価ならびに他の要素について検討する（　⑦　）と，製品開発が（　⑧　）や顧客満足を起点とする（　⑨　）があげられる。

□□ **問題 2** 次の①から③は，原価企画における目標原価の設定方法を示している。それぞれの設定方法と目標利益額を答えなさい。

① 市場調査により，製品Ａの１個当たり予想売価は2,500円であった。予想売価の30％を目標利益とし，予想売価から目標利益を差し引いた額を目標原価とした。

② Ａ製品の新モデルを設計するにあたり，新しく追加する機能と削減すべき機能を検討し，目標原価を設定した。なお，Ａ製品の旧モデルの原価は１個当たり2,000円，新機能付与に必要な原価は300円，機能削減による原価低減は50円である。

③ Ａ製品の目標原価を，①の方式によって算定された原価と②の方式によって算定された原価の平均額に設定した。

□□ **問題 3** ①から⑥は原価企画に関連した取り組みやツールの説明である。それぞれの説明にあてはまる取り組みやツールの記号を選択欄から選び，解答しなさい。

① 部品を供給するサプライヤーを製品開発に参加させること

② 製品開発プロジェクトの節目ごとに達成目標を設定し，進捗状況をチェックすること

③ 製品開発の各ステップをオーバーラップさせて同時並行的に開発を進

めること
④　複数部門の担当者によって形成された職能横断チーム
⑤　原価の見積もりやコスト低減の評価を行う際に活用されるデータベース
⑥　製品設計の改善をすることによってできるだけ低いコストで高い機能を実現することを目指す活動

【選択欄】
ア：マイルストーン管理　イ：コストテーブル　ウ：サプライヤー関係
エ：ラグビー型の製品開発　オ：VE　カ：クロスファンクショナルチーム

解答・解説

問題1

①	企画	②	顧客ニーズ	③	価格	④	同時的
⑤	利益管理	⑥	発生	⑦	源流管理	⑧	市場
⑨	マーケットイン						

原価計算が従来焦点を当てていた生産段階ではなく，企画・開発段階で原価を作りこむことは効果が多い反面，かなり困難な作業である。たとえば，企画段階で製品の原価を推定するためには，多様な要因を考慮する必要がある。また，マーケットインによって市場や顧客のニーズを製品に反映させることも想像以上に難しい。これらを可能にするために，原価企画では，さまざまな取り組みがなされ，ツールが開発されている。

問題2

①	控除法　1,750円	②	積上法　2,250円	③	折衷法　2,000円

①は，予想売価から目標利益を差し引く方式である控除法によって目標原価を設定している。目標利益は予想売価の30％なので，2,500円×0.3＝750円となる。そのため，目標原価＝2,500円－750円＝1,750円となる。

②は，既存の原価を出発点として，新たに追加される機能と削除される機能に関連する原価を加味する方式である積上法によって目標原価を設定している。既存の原価が2,000円，機能追加にかかわる原価が300円，機能削減による原価減少分が50円であるため，目標原価＝2,000円＋300円－50円＝2,250円となる。

③は，①の控除法と②の積上法を擦り合わせる方式である折衷法によって目標原価を設定している。①の控除法で算定された原価が1,750円，②の積上法で算定された原価が2,250円であるため，目標原価＝(1,750円＋2,250円)÷２＝2,000円となる。

問題３

①	ウ	②	ア	③	エ
④	カ	⑤	イ	⑥	オ

① 原価企画では，一企業だけではなく，部品を納入するサプライヤーも製品開発に参加させることがある。それは，納入部品の代金は買入部品費となるため，部品単価が低減されると直接材料費が下がるためである。

② マイルストーン管理によって，製造段階に移行した時点には必ず目標原価が達成されると同時に，製品仕様と合致するように管理される。

③ 原価企画では，製品設計の各ステップの担当者がそれぞれのステップだけを担当するのではなく，他のステップの担当者と情報共有しながら製品開発を進めることにより，製品開発にかかる時間を短縮している。

④ さまざまな部署の人員が製品開発に参画することで，設計担当者が思いつかないような新たな原価低減アイデアや顧客のニーズが共有される。

⑤ コストテーブルは，製造する前にどれくらい製品原価がかかるのかを推定するためのデータを提供するため，企画・開発段階で目標原価を設定する際に重要な役割を果たす。

⑥ VEは，製品原価が目標原価の範囲内にとどまるように実施される活動であり，製品にとって必要な機能と不必要な機能を見極める。またVEにより，同じ機能を，より低い原価で達成できないかについて検討する。

学習の記録 ／ ／ ／

23 品質原価計算（品質原価の分類）

Summary

1 品質原価計算とは，企業の品質管理活動に関連して発生するさまざまな原価を管理するための計算方法である。

2 品質原価は，品質不良を発生させないための適合原価と，発生済みの品質不良による損失を意味する不適合原価に分けられる。

3 適合原価には，予防原価（prevention costs）と評価原価（appraisal costs）が含まれる。不適合原価すなわち失敗原価（failure costs）は，内部失敗原価と外部失敗原価に分類される。

4 予防原価とは，品質不良を初期段階で防止するための活動により発生する原価であり，製品設計改善費，工程改善費，従業員訓練費などが挙げられる。

5 評価原価とは，検査などの製品品質の評価を通じて品質水準を一定に保つための活動により発生する原価であり，部品検査費，製品出荷前検査費などである。

6 内部失敗原価とは，製品出荷前に判明した品質不良による原価であり，仕損費，手直費などが含まれる。

7 外部失敗原価とは，製品出荷後に判明した品質不良による原価であり，返品廃棄処分費，顧客の苦情対応費などが挙げられる。企業イメージの毀損による売上高の減少などの機会原価を含むこともある。

8 製品の品質水準の向上に伴って，適合原価が増加するとともに，不適合原価が減少する傾向にあり，適合原価と不適合原価が一致する水準が最適な品質水準といえる（次頁図参照）。

9 予防原価の発生よりも，失敗原価の発生時点が遅れる傾向にあるため，品質原価の正確な測定は困難であるが，品質管理活動における指標の1つとして品質原価を測定する意義がある。

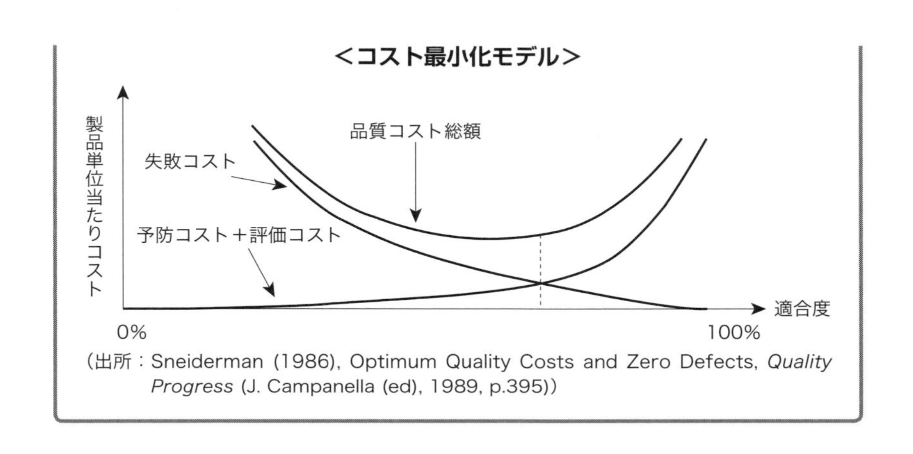

（出所：Sneiderman (1986), Optimum Quality Costs and Zero Defects, *Quality Progress* (J. Campanella (ed), 1989, p.395)）

□□ **問題** 次の<資料>にもとづき，以下の（1）および（2）の問いに答えなさい。

<資料>

費目	金額
製品出荷前検査費	885,000円
製品設計改善費	568,000円
他社製品品質調査費	125,000円
販売済製品補修費	2,022,000円
設備保全活動費	672,000円
受入材料検査費	331,000円
返品廃棄処分費	1,652,000円
不合格品修理費	783,000円
顧客苦情処理費	1,132,000円
仕損費	985,000円
品質教育訓練費	463,000円
合計	9,618,000円

（1） 品質原価を①予防原価，②評価原価，③内部失敗原価，④外部失敗原価に分類した結果の金額をそれぞれ計算しなさい。

（2） 品質原価計算の観点から，当社の品質水準を上げるべきか下げるべきかを答えなさい。ただし，<資料>で示した費目の測定額は正確であり，品質原価に関連する費目は資料以外には存在しないものとする。

解答・解説

（1）

①	予防原価	1,703,000円	②	評価原価	1,341,000円
③	内部失敗原価	1,768,000円	④	外部失敗原価	4,806,000円

本設問においては，品質原価計算で示された①予防原価，②評価原価，③内部失敗原価，④外部失敗原価の性質を理解して，それぞれの分類に該当する費目を選択することが必要である。

① 予防原価に含まれる費目は，製品設計改善費，設備保全活動費，品質教育訓練費である。したがって，以下のとおり計算される。

予防原価＝製品設計改善費（568,000円）＋設備保全活動費（672,000円）＋品質教育訓練費（463,000円）＝1,703,000円

② 評価原価に該当する費目には，製品出荷前検査費，他社製品品質調査費，および受入材料検査費が含まれる。したがって，以下のとおり計算される。

評価原価＝製品出荷前検査費（885,000円）＋他社製品品質調査費（125,000円）＋受入材料検査費（331,000円）＝1,341,000円

③ 内部失敗原価に該当する費目には，不合格品修理費，仕損費が含まれる。したがって，内部失敗原価は以下のとおり計算される。

内部失敗原価＝不合格品修理費（783,000円）＋仕損費（985,000円）＝1,768,000円

④　外部失敗原価に該当する費目には，販売済製品補修費，返品廃棄処分費，顧客苦情処理費が含まれる。したがって，以下のとおり計算される。

外部失敗原価＝販売済製品補修費（2,022,000円）＋返品廃棄処分費（1,652,000円）＋顧客苦情処理費（1,132,000円）＝4,806,000円

（2）　品質水準を上げるべき

本設問に解答するためには，サマリーの図で示した適合原価と不適合原価の関係を理解することが必要である。一般的には，品質水準の向上に伴って，品質管理活動の活発化により適合原価が増加するとともに，品質不良の減少により不適合原価が低下することが想定される。さらに，理論的には，品質原価の合計額を最小化する最適な品質水準の下では，適合原価と不適合原価の金額が一致していると考えられる。

本問では，適合原価は，予防原価（1,703,000円）と評価原価（1,341,000円）を合計した3,044,000円である。

不適合原価は，内部失敗原価（1,768,000円）と外部失敗原価（4,806,000円）を合計した6,574,000円である。

したがって，本問の事例では，適合原価が不適合原価を下回っている。適合原価と不適合原価が一致する水準までは，さらに品質水準を上げる余地があると考えるべきであろう。

学習の記録 ／ ／ ／

24 マテリアルフローコスト会計

Summary

1 マテリアルフローコスト会計（material flow cost accounting：MFCA）とは，組織内部の物質の流れ（マテリアルフロー）を物量単位と金額単位で定量化して，製品とマテリアルロス（廃棄物）のコストを計算する方法である。

2 組織全体のマテリアルフローを追跡するために，工程などを対象として物量センターが設定される。

3 物量センターでは，インプットとアウトプットの量（たとえば重量）を物質ごとに測定して，マテリアルバランスと呼ばれる図表で可視化する（図）。

4 マテリアルバランスにもとづいて，MFCAのコスト項目が製品とマテリアルロスに区分される。

5 MFCAのコスト項目は，マテリアルコスト，エネルギーコスト，システムコスト，廃棄物管理コストという4つで構成されている。

6 マテリアルコストは主に原材料費，システムコストは主に労務費や経費などの加工費である。ただし，光熱費はエネルギーコスト，廃棄物の委託処理費などは廃棄物管理コストに分類される。

7 投入物質から最終製品を構成する物質を除いたものはすべてマテリアルロスであり，マテリアルロスの削減は経済的な効果と位置づけられる。

8 マテリアルコストは，物量センターで測定された重量等により製品とマテリアルロスに割り当てられる。

9 エネルギーコストとシステムコストは，製品とマテリアルロスの物量の比率にもとづき配分される。

10 廃棄物管理コストは，すべてマテリアルロスに伴うコストとして処理される。

11 製品とマテリアルロスのコストを，MFCAのコスト項目ごとに分類した表は，マテリアルフローコストマトリックスと呼ばれる。

＜マテリアルバランスの例＞

（出所：國部克彦（2018）「MFCAの意義と本質」『マテリアルフローコスト会計の理論と実践』（國部克彦・中嶌道靖編著）同文舘出版，p.8）

□□ **問題** 当社は製品Xを1つの工程で生産している。当該工程を物量センターに設定して，マテリアルフローコスト会計に基づく計算を行い，マテリアルフローコストマトリックスを作成しなさい。

＜資料＞

1．当月のマテリアルフローの概要

① 工程の始点で直接材料A（4,800kg）と間接材料B（200kg）を投入して，完成品（4,320kg）を製造した。ただし，間接材料Bは溶剤であるため，投入量のすべてを工程の終点で回収して処分した。

② 月初及び月末に仕掛品はない。

2．当月の原価データ

直接材料費（A）	480,000円	（4,800kg）
間接材料費（B）	2,000円	（200kg）
直接労務費	144,000円	
間接労務費	96,000円	
減価償却費	160,000円	
電力料	50,000円	
廃棄物委託処理費	10,000円	

解答・解説

	マテリアルコスト	エネルギーコスト	システムコスト	廃棄物管理コスト	合計
製品	432,000円	43,200円	345,600円	—	820,800円
マテリアルロス	50,000円	6,800円	54,400円	10,000円	121,200円
合計	482,000円	50,000円	400,000円	10,000円	942,000円

まず，資料1から，物量センター（工程）のインプットとアウトプットの重量を示したマテリアルバランスを作成する。インプットとアウトプットの合計はともに5,000kgである。なお，直接材料Aのマテリアルロスは，直接材料Aのインプット量から完成品量を差し引いて計算する。

物量センター

（インプット）		（アウトプット）	
直接材料A	4,800kg	（完成品）	
間接材料B	200kg	直接材料A	4,320kg
		（マテリアルロス）	
		直接材料A	480kg
		間接材料B	200kg

次に，資料2の各費目を，マテリアルコスト，エネルギーコスト，システムコスト，廃棄物管理コストに分類する。直接材料費と間接材料費はマテリアルコスト，電力料はエネルギーコスト，廃棄物委託処理費は廃棄物管理コストに該当する。それ以外の直接労務費，間接労務費，減価償却費はシステムコストとして処理する。インプット側のコストは次のように計算される。

マテリアルコスト＝直接材料費（A）480,000円＋間接材料費（B）2,000円
＝482,000円

エネルギーコスト＝電力料50,000円

システムコスト＝直接労務費144,000円＋間接労務費96,000円
＋減価償却費160,000円＝400,000円
廃棄物管理コスト＝廃棄物委託処理費10,000円

インプット側の計算が終わったら，アウトプット側のコストを計算する。

まず，マテリアルコストは，マテリアルバランスをもとに完成品とマテリアルロスに割り当てる。完成品の重量は直接材料Ａの4,320kgである。マテリアルロスの重量合計は，直接材料Ａ（480kg）と間接材料Ｂ（200kg）を合計した680kgである。次に，エネルギーコストとシステムコストは，完成品（4,320kg）とマテリアルロス（680kg）の比率をもとに配分する。廃棄物管理コストはマテリアルロスに関するコストとして処理する。

（完成品）

マテリアルコスト＝480,000円÷4,800kg×4,320kg＝432,000円
エネルギーコスト＝50,000円÷5,000kg×4,320kg＝43,200円
システムコスト＝400,000円÷5,000kg×4,320kg＝345,600円
完成品のコスト合計＝432,000円＋43,200円＋345,600円＝820,800円

（マテリアルロス）

マテリアルコスト＝直接材料費（Ａ）（480,000円÷4,800kg×480kg）
＋間接材料費（Ｂ）2,000円＝50,000円
エネルギーコスト＝50,000円÷5,000kg×680kg＝6,800円
システムコスト＝400,000円÷5,000kg×680kg＝54,400円
廃棄物管理コスト＝廃棄物委託処理費10,000円
マテリアルロス合計＝50,000円＋6,800円＋54,400円＋10,000円＝121,200円

マテリアルフローコストマトリックスは上記のとおりである。これらの結果から，廃棄物の削減は121,200円の原価削減（すなわち経済的効果）をもたらす可能性があるといえる。

学習の記録    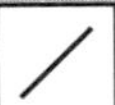

25 総合問題1（短期利益計画）

□□ 問題　当社では，７月の利益計画を策定中である。次の<資料>をもとに，（1）から（6）の問に答えなさい。

<資料>

1．当社では製品Xのみを製造販売している。直接原価計算方式で損益計算書を作成している。

2．製品Xの販売単価は4,000円／個，７月の予測販売量は600個である。月初月末に仕掛品および製品の在庫はない。

3．製品Xの単位当たり直接材料費は1,000円／個である。また，直接労務費の消費賃率は400円／時間，製品Xの単位当たり直接作業時間は２時間／個である。

4．製造間接費のうち，間接労務費は直接作業時間に対する準変動費である。過去６ヶ月の直接作業時間と間接労務費の関係は次の表のとおりである。

	1月	2月	3月	4月	5月	6月
間接労務費（円）	160,200	155,000	164,250	168,500	172,000	160,550
直接作業時間	1,200	1,150	1,240	1,280	1,320	1,210

5．間接労務費以外の製造間接費はすべて固定費であり，月次の総額は160,000円である。

6．変動販売費は，売上高の10％である。月次の固定販売費は285,800円である。月次の一般管理費は234,200円である。

（1）<資料>４をもとに，高低点法によって間接労務費の変動費率と固定費部分を計算しなさい。

（2）　<資料>2～6をもとに，今月の直接原価計算方式の損益計算書を完成させなさい。

（3）　7月の製品Xの損益分岐点売上高を求めなさい。

（4）（3）の場合の安全余裕率を求めなさい。

（5）（2）の損益計算書をもとに，経営レバレッジ係数を求めなさい。

（6）　売上高が5％増加した場合の営業利益の増加額を，（5）の経営レバレッジ係数を用いて求めなさい。

解答・解説

（1）

最低の営業量は２月の1,150時間で，そのときの間接労務費は155,000円である。

一方，最高の営業量は５月の1,320時間で，そのときの間接労務費は172,000円である。

この２つのデータから，aを変動費率，bを固定費としたときの連立方程式は以下のようになる。

$$155{,}000 = 1{,}150a + b \quad \cdots①$$
$$172{,}000 = 1{,}320a + b \quad \cdots②$$

①と②から，a＝100，b＝40,000が得られる。すなわち，変動費率は100円／時間，固定費は40,000円となる。

（2）

損益計算書（直接原価計算方式）　（単位：円）

売上高		2,400,000
変動売上原価*		1,200,000
変動製造マージン		1,200,000
変動販売費		240,000
貢献利益		960,000
固定製造間接費	200,000	
固定販売費	285,800	
一般管理費	234,200	720,000
営業利益		240,000

＊単位当たり直接労務費は400円／時間×２時間／個＝800円／個，単位当たり変動製造間接費（間接労務費）は100円／時間×２時間／個＝200円／個である。したがって，単位当たり変動売上原価は1,000円／個＋800円／個＋200円／個＝2,000円／個である。

（3）

貢献利益率は，960,000円÷2,400,000円＝0.4

したがって損益分岐点売上高は，

720,000円÷0.4＝1,800,000円

（4）

安全余裕率は，

$$\frac{\text{予想売上高}-\text{損益分岐点売上高}}{\text{予想売上高}}\times 100\ (\%)$$

で求められる。したがって，損益計算書と（3）から，

$$\frac{2{,}400{,}000\text{円}-1{,}800{,}000\text{円}}{2{,}400{,}000\text{円}}\times 100 = 25\%$$

（5）

経営レバレッジ係数は貢献利益を営業利益で割ることで求められる。したがって，この場合の経営レバレッジ係数は，960,000円÷240,000円＝4となる。

（6）

（5）で求めた経営レバレッジ係数を用いて営業利益の増分を計算すると次のようになる。

5％×240,000円×4＝48,000円

学習の記録    

26 総合問題２（予算管理）

□□ **問題** A社は，製品Xを生産・販売しており，標準直接原価計算を採用している。関連するデータは＜資料＞のとおりである。

＜資料＞

1．製品Xの製品原価標準

直接材料費	80円／kg×10kg／個	=	800円／個
直接労務費	400円／時間×１時間／個	=	400円／個
変動製造間接費	100円／時間×１時間／個	=	100円／個
変動製造原価合計			1,300円／個

なお，変動製造間接費は直接作業時間を基準に配賦する。

2．20X1年４月末貸借対照表（単位：千円）

流動資産		流動負債	
現金	95,000	買掛金	80,000
売掛金	171,000	借入金	0
製品	52,000	流動負債合計	80,000
材料	24,000	固定負債	0
流動資産合計	342,000	純資産	
固定資産		資本金	200,000
土地	20,000	資本剰余金	20,000
建物・設備	38,000	利益剰余金	100,000
固定資産合計	58,000	純資産合計	320,000
資産合計	400,000	負債・純資産合計	400,000

3．20X1年５月予算データ

（１） 製品月間予算販売量110,000個，販売価格2,000円，月間売上高の５％は現金売りであり，残り95％は掛売りで，翌月末に現金で回収する。月初製品在庫量は40,000個，月末製品在庫量は30,000個。製品の製造に必要な主材料の月初在庫量は300,000kg，月末在庫量400,000kg，仕入単価はkg当たり80円である。月間主材料購入額の10％は購入月末に現金で支払い，残り90％は買掛金とし翌月末に現金で支払う。仕掛品の在庫は存在しない。

（２） 固定加工費の月次予算は12,000千円で，そのうち減価償却費3,000千円を含む。変動販売費は製品１個当たり100円，固定販売費及び一般管理費の月次予算は39,000千円で，そのうち減価償却費1,000千円を含む。なお，変動加工費，変動販売費，減価償却費を除く固定加工費，減価償却費を除く固定販売費及び一般管理費はすべて現金支出原価であり，支払は現金による。

（３） ５月１日に設備を購入し，その代金は５月末に支払う予定である。設備の取得原価は25,000千円であり，この設備の１ヵ月分の減価償却費は，上記（２）の減価償却費3,000千円の中に含まれている。

（４） ５月に借入は行わない予定である。

4．20X1年５月実績データ

（１） 販売価格・原価データ

実際販売価格	1,980円／個	実際生産・販売量	105,000個
実際変動製造原価（総額）			
直接材料費	85,212,000円	（＝81円／kg×1,052,000kg）	
直接労務費	43,255,000円	（＝410円／時間×105,500時間）	
変動製造間接費	10,633,000円	（105,500時間）	
実際変動販売費	110円／個	固定加工費実際額	12,500千円
固定販売費及び一般管理費実際額	36,000千円		

（２） 仕掛品と製品の在庫は存在しない。

5．当社の市場占有率

予算市場占有率	40％	実際市場占有率	35％

以上の資料をもとに，以下の（1）および（2）の問いに答えなさい。

（1）＜資料＞1～3にもとづき，20X1年5月の月次予算損益計算書，予算貸借対照表および現金収支予算を作成しなさい。

（2）＜資料＞4～5を加味して，20X1年5月の予算・実績差異分析総括表を作成しなさい。

解答・解説

（1）売上高および変動費（変動売上原価や変動販売費）は，それぞれの単価に製品月間予算販売量を掛け算して計算する。固定費（固定加工費や固定販売費及び一般管理費）は，資料3（2）に与えられている。売上高からまず変動費を控除して貢献利益を計算し，貢献利益から固定費を控除することにより営業利益を算出する。

予算損益計算書　（単位：千円）

売上高	220,000	：2,000円／個×110,000個
変動売上原価	143,000	：1,300円／個×110,000個
変動販売費	11,000	：　100円／個×110,000個
貢献利益	66,000	
固定加工費	12,000	：資料3（2）
固定販売費及び一般管理費	39,000	：資料3（2）
営業利益	15,000	

予算貸借対照表は以下のとおりになる。

予算貸借対照表　（単位：千円）

流動資産		流動負債	
現金	55,200	買掛金	79,200
売掛金(※1)	209,000	借入金	0
製品	39,000	流動負債合計	79,200
材料	32,000	固定負債	0
流動資産合計	335,200	純資産	
固定資産		資本金	200,000
土地	20,000	資本剰余金	20,000
建物・設備(※2)	59,000	利益剰余金	115,000
固定資産合計	79,000	純資産合計	335,000
資産合計	414,200	負債・純資産合計	414,200

※1　売掛金：171,000千円－171,000千円＋2,000円／個×110,000個×95％（売掛金比率）＝209,000千円

※2　建物・設備：38,000千円＋25,000千円（５月の設備購入）－3,000千円－1,000千円＝59,000千円

また，現金収支予算は以下のとおりである。

現金収支予算　（単位：千円）

月初現金有高	95,000	：20X1年４月末貸借対照表
現金収入		
現金売上	11,000	：2,000円／個×110,000個×５％
売掛金回収	171,000	：20X1年４月末貸借対照表
現金支出		
主材料現金購入	8,800	：80円／kg×1,100,000kg×10％
買掛金支払	80,000	：20X1年４月末貸借対照表
加工費支払	59,000	
販売費及び一般管理費支払	49,000	
設備購入	25,000	：資料３（３）
月末現金有高	55,200	

（2） 予算・実績差異分析総括表は以下のとおりとなる。

予算・実績差異分析総括表 （単位：千円）

予算営業利益			15,000
1．売上高差異			
販売価格差異		△2,100	
販売数量差異			
市場占有率差異	△30,000		
市場総需要量差異	20,000	△10,000	△12,100
2．変動売上原価差異(※3)			
直接材料価格差異		△1,052	
直接材料数量差異		△160	
賃率差異		△1,055	
作業時間差異		△200	
変動製造間接費予算差異		△83	
変動製造間接費能率差異		△50	
販売数量差異		6,500	3,900
3．変動販売費差異			
予算差異		△1,050	
販売数量差異		500	△550
4．固定加工費予算差異			△500
5．固定販売費及び一般管理費予算差異			3,000
6．実際営業利益			8,750

※3 変動売上原価差異は，単価差異と販売数量差異に分解できる。さらに単価差異は，標準原価計算における原価差異分析と同様の分解をすることができる。

27 総合問題3（改良投資）

□□ 問題　全経工業株式会社は，X製品を含む複数種類の製品を生産販売している。現在，X製品に対する需要はきわめて高く，同製品の生産のためのx機械は生産能力をフルに利用して稼働しており，そのような状況は今後も継続することが見込まれている。そこで，同社は，生産能力を増大するとともに生産効率を向上することを目的として，現在使用中のx機械に改良を加えるか否かを検討中である。以下の＜資料＞にもとづいて，（1）から（6）の問いに答えなさい。

＜資料＞

1．改良投資案

X製品の生産に利用されているx機械（取得原価29,400千円，耐用年数7年，残存価額ゼロ，定額法償却）は3年前に使用を開始しており，この機械の改良のために必要となる初期投資額は10,000千円である。

2．改良による経済効果

改良前のx機械を利用した場合の生産能力（年間最大生産量）は3,000単位であり，X製品の製造費用は以下のとおりである。

単位当たり原料費	2,500円／単位
単位当たり変動加工費	3,200円／単位
年間固定加工費	5,000,000円

X機械を改良することによって生産能力が20％増大し，X製品の製造費用は以下のようになると予測される。

単位当たり原料費	2,450円／単位
単位当たり変動加工費	3,100円／単位
年間固定加工費	7,000,000円

X製品の販売価格は10,000円である。

なお，機械の改良によって耐用年数の延長はなく，改良前でも改良後でも耐用年数経過後のx機械の処分価値はない。

3．将来の販売予測

現在，X製品に対する市場の需要は同社の生産能力を超えており，この状態は，x機械の改良によって生産能力を増大したとしても続くと予測される。

4．資本構成

全経工業株式会社の資本構成および資金調達源泉別の資本コストは以下のとおりである。なお，負債の資本コスト５％は税引前のコストである。

	資金調達額	源泉別資本コスト
負　　債	200,000千円	5％
自己資本	300,000千円	11％

5．その他の予測

利益に対する税率は将来にわたって30％である。また，x機械の改良は他の種類の製品の生産販売に影響することはなく，今後も全社的に十分な利益を獲得できる。

（1） 改良投資案を実行することによって各年の当期純利益がいくら変化するかを計算しなさい。なお，販売費及び一般管理費は変化しないものとする。また，利益が減少する場合には，金額の前に△をつけること。

（2） 改良投資案を実行することによって各年のキャッシュ・フローはいくら変化するかを計算しなさい。なお，減少する場合には，金額の前に△をつけること。また，キャッシュ・フローの変化額に初期投資額を含めない。

（3） 改良投資案の回収期間を計算しなさい。解答する際には，小数点以下第３位を四捨五入しなさい。

（4） 全経工業株式会社の加重平均資本コストを計算しなさい。

（５）（４）の解答を前提とした複利現価係数表を作成しなさい。なお，解答にあたって小数点以下第４位を四捨五入すること。

（６）（５）の複利現価係数表を利用して投資案の正味現在価値を計算し，そのうえで，投資するべきか否かの判断を理由を付して答えなさい。

解答・解説

本問は既存機械を改良するという投資案を経済的に評価することを要求している。本問における改良投資は拡張投資と取替投資の両方の特徴を有している。すなわち，生産能力を上回る需要がある中，既存機械を改良することによって生産能力が増大することは最大生産量の増加分が販売量の増大となるため，売上高の拡大という拡張投資の特徴を有する。さらに，既存機械を改良することによって生産効率が増大し，結果として製造費用が削減されているという点は，単なる拡張ではなく，より効率的な生産を可能とする新しい生産技術を採用していることを意味するので，生産効率向上のための取替投資としての特徴も有している。これらの点について資料を読みながら理解する必要がある。

（１）各年の当期純利益の変化額　＿＿784＿＿千円

全経工業株式会社は複数種類の製品の製造販売を行っているので，この資料から全社的な当期純利益を計算することはできない。そのため，全社的な当期純利益の変化額を，改良投資案を実行した場合の差額収益と差額費用を計算することによって差額利益（当期純利益の変化額）として計算する必要がある。差額計算は次表に示すとおりである。

（単位：千円）

	改良前	改良後	差　額
売　上　高	①　30,000	②　36,000	③　6,000
原　料　費	④　7,500	⑤　8,820	⑥　△1,320
変動加工費	9,600	11,160	△1,560
固定加工費	5,000	7,000	△2,000
売上総利益	7,900	9,020	⑦　1,120

① 10,000円／単位×3,000単位＝30,000千円
② 10,000円／単位×3,000単位×1.2＝36,000千円
③ 36,000千円－30,000千円＝6,000千円
④ 2,500円／単位×3,000単位＝7,500千円
⑤ 2,450円／単位×3,000単位×1.2＝8,820千円
⑥ 7,500千円－8,820千円＝△1,320千円
⑦ 6,000千円－1,320千円－1,560千円－2,000千円＝1,120千円

ここで，売上総利益の増加額1,120千円は税引前当期純利益の増加額と同額であるため，増加した利益に対する税金分を控除することによって当期純利益の増加額は以下のように計算される。

1,120千円×（1－0.3）＝784千円

（2） 各年のキャッシュ・フローの変化額 3,284 千円

（1）と同様に，ここでも，全社的なキャッシュ・フローを計算することはできないので，改良することによる差額に注目して，差額キャッシュ・フロー，すなわち，キャッシュ・フローの変化額を計算する必要がある。

まず，改良のための初期投資額の会計処理について確認する必要がある。本問における改良のための支出は，生産能力の増大と生産効率の向上を果たすため，x機械の価値の向上に貢献している。そのため初期投資額は資本的支出としてx機械の取得原価として処理され，減価償却の対象となる。さらに，この改良は耐用年数を延ばすものではないため，初期投資額を減価償却する期間は4年（耐用年数7年のうち3年が経過済みであるから）である。以上から，改良によって増加する減価償却費は以下のように計算される。

10,000千円÷4年＝2,500千円

キャッシュ・フローの変化額は，問（1）の解答である当期純利益の変化額に減価償却費の変化額を加えることによって，以下のように計算される。

784千円＋2,500千円＝3,284千円

ここで，運転資本に関する留意点を説明しよう。本来，会計利益からキャッシュ・フローを計算するためには，正味運転資本の変化額を調整する必要がある（正味運転資本の増加はキャッシュ・フローの減少を意味する）。本問では，資料において運転資本に関する情報が与えられていない。このような状況は，運転資本の変化が経済的に重要ではないため省略されているものと考えるべきである。それゆえ，本来は次式のように計算するべきところを，正味運転資本の変化はゼロであると考えて，当期純利益の変化額に減価償却費の変化額を加えることによってキャッシュ・フローの変化額を計算しているのである。

キャッシュ・フローの変化額＝当期純利益の変化額
＋減価償却費の変化額－運転資本の増加額（本問ではゼロ）

（３） 回収期間 3.05 年

（２）で計算したように，改良によって毎年3,284千円のキャッシュ・フロー（CF）が増加するので，これによって初期投資額が何年目に回収できるかを次表のように確認する。

	CFの増加額	CFの累積額	未回収額
投資時点			10,000
1年目	3,284	3,284	6,716
2年目	3,284	6,568	3,432
3年目	3,284	9,852	148
4年目	3,284	13,136	−3,136

３年目の未回収額がCF増加額の１年分を下回っているので，投資支出を全額回収できるのは４年目であることがわかる。そこで，３年目の未回収額を利用することによって，以下のように回収期間を計算する。

3年＋148千円÷3,284千円＝3.0450…

（4） 加重平均資本コスト　＿＿8＿＿％

加重平均資本コストは以下のように計算される。

加重平均資本コスト＝負債のウエイト×負債資本コスト×（1－税率）
＋自己資本のウエイト×株主資本コスト

資金調達源泉別のウエイトは，資本構成における負債および自己資本の価値の割合である。資料では，資本構成を表す金額としては資金調達額が与えられているため，これを利用しウエイトを計算する。

資金調達額合計＝200,000千円＋300,000千円＝500,000千円
負債のウエイト　　　＝200,000千円÷500,000千円＝0.4
自己資本のウエイト　＝300,000千円÷500,000千円＝0.6

加重平均資本コストは資本コストや税率データを代入して，以下のように計算される。

加重平均資本コスト＝0.4×5％×（1－0.3）＋0.6×11％＝8％

（5）

t	複利現価係数
1年目	0.926
2年目	0.857
3年目	0.794
4年目	0.735

一般に，複利現価係数は以下の式で計算される。

$$\frac{1}{(1+i)^t}$$

ここで，iは利子率，tは年数を表しているため，複利現価係数自体はt年後の１円の現在価値を表していると理解できる。本問では，iに（３）の解答である８％を代入することによって複利現価係数表を完成させる。たとえば，３年目の複利現価係数は，i＝８％，t＝３として次のように計算する。

$$\frac{1}{(1+0.08)^3}=0.793832$$

（６）

正味現在価値　877　千円

判断および理由

正味現在価値がプラスなので改良投資案は採用する。

正味現在価値がプラスとなることは，もし改良投資案を採用すると，企業価値が増大することを意味し，それは同時に，加重平均資本コストの前提となっていた資金提供者である株主と債権者が要求する利益（債権者に対しては利息）を十分に生み出せることを意味する。それゆえ，本問の改良案は採用するべきであるという結論になる。

正味現在価値は，これまでの計算結果を利用して以下のように計算される。

将来CFの現在価値合計

＝(0.926＋0.857＋0.794＋0.735)×3,284,000円

＝10,876,608円

正味現在価値＝10,876,608円－10,000,000円

＝876,608円　⇒　877千円

学習の記録 ／ ／ ／

28 模擬試験問題

第1問 当社では新製品Xを製造するための設備投資の意思決定を考えている。以下の<資料>にもとづき，（1）から（4）の問いに答えなさい。

<資料>

1．設備の取得原価　60,000,000円　耐用年数5年　残存価額　ゼロ
　減価償却は定額法による。なお，この設備は耐用年数が終了した時点で5,000,000円で売却できると見積られる。

2．製品Xの予想販売単価　3,000円／個

製品Xの予想販売量

1年度	2年度	3年度	4年度	5年度
20,000個	20,000個	18,000個	17,000個	15,000個

3．製品Xの単位当たり変動費は1,200円／個であり，年間の現金支出固定費は8,000,000円である。これらは5年間変わらない。

4．毎年度期首・期末に仕掛品・製品の在庫はなく，生産されたものはその期のうちにすべて販売される。

5．投資以後，状況変化に備えて投資期間中は運転資本として予備の現金を2,000,000円保有しておく。

6．税率は30%である。

7．当社では投資の意思決定に全社一律の加重平均資本コスト5%を適用する。

8．利子率5%の場合の現価係数は，1年度から順に0.9524，0.907，0.8638，0.8227，0.7835を用いる。

9．キャッシュ・フローは年度末にまとめて発生し，税金の支払は当該年度末に支払われるものと仮定する。

（1） 毎期の減価償却費を答えなさい。

（2） 各年度末の税引後利益を答えなさい。

（3） 各年度末のキャッシュ・フローを答えなさい。

（4） この投資案の正味現在価値を計算し，投資すべきか否か答えなさい。

第2問 当社には２つの事業部がある。部品を製造・販売している部品事業部と，製品を製造・販売している製品事業部である。

部品事業部では，共通のラインと労働力を使って，部品Ｘと部品Ｙという２種類の部品を製造・販売している。部品事業部は部品ＸをＯ製作所に毎月1,000個販売しているが，部品Ｘにはその他の外部販売はない。部品Ｙは，外部市場で十分な需要があるため，部品事業部は生産能力の上限まで製造・販売している。

製品事業部では，製品Ｚのみを製造・販売している。現在，製品事業部では主要な部品Ｐを外部から購入し，製品Ｚを製造している。製品Ｚ１個につき部品Ｐ１個を使用している。

なお，当社では各事業部には販売部門や管理部門がなく，全社共通の販売部門と管理部門がある。また，販売費及び一般管理費はすべて固定費とする。

次の＜資料＞にもとづき，（1）から（6）の問いに答えなさい。

＜資料＞

１．部品事業部に関わるデータ

	部品X	部品Y
販売価格	2,600円／個	1,150円／個
直接材料費	400円／個	200円／個
製品単位当たり直接作業時間	２時間／個	１時間／個

直接工の消費賃率　800円／時間

月間の直接作業時間の上限　6,000時間

2．製品事業部に関わるデータ

製品Ｚの販売価格	6,500円／個
部品Ｐの取得原価	3,100円／個
その他の直接材料費	1,000円／個
直接作業時間	3時間／個
直接工の消費賃率	700円／時間
製品Ｚの月間の需要	500個

（1） 部品X，部品Y，および製品Zの単位当たり貢献利益を計算しなさい。

（2） 当社の月次の貢献利益の総額を計算しなさい。

（3） 製品Ｚの製造において，部品Ｐの代わりに部品Ｘを利用することができる。その場合，製品事業部では製品Ｚ単位当たり１時間の追加作業が必要になる。部品Ｐの代わりに部品Ｘを原価で振り替えた場合の当社の月次の貢献利益の総額を計算しなさい。なお，O製作所への外部販売は現状のままとする。

（4） 原価基準によって内部振替価格を設定した場合の問題点を述べなさい。

（5）（3）の想定のように部品Ｘを部品Ｐの代替とした場合，部品Ｘ１単位を製品事業部に振り替えた結果，部品事業部で生じる機会原価を計算しなさい。

（6）（3）の想定で部品Ｘを製品事業部に振り替える場合の振替価格を，（5）で計算した機会原価＋部品Ｘの単位当たり変動費で設定した時の部品事業部と製品事業部の月次の貢献利益の総額をそれぞれ計算しなさい。

解答・解説

第１問

（１）　年々の減価償却費は，60,000,000円÷５年＝12,000,000円

（２）　１年度末の税引後利益は，(1－0.3)×(3,000円／個×20,000個－1,200円／個×20,000個－8,000,000円－12,000,000円)＝11,200,000円

同様にして，２年度末11,200,000円，３年度末8,680,000円，４年度末7,420,000円，５年度末4,900,000円となる。

（３）　各年のキャッシュ・フローは，問（２）の税引後利益に減価償却費を足し戻すことで求められる。また，最終年度である５年度末には，キャッシュインフローとして設備の売却額と運転資本の解除，キャッシュアウトフローとして売却益にかかる税金が発生する。

したがって，年々のキャッシュ・フローは次のようになる。

１年度末：税引後利益11,200,000円＋減価償却費12,000,000円
＝23,200,000円
２年度末：税引後利益11,200,000円＋減価償却費12,000,000円
＝23,200,000円
３年度末：税引後利益8,680,000円＋減価償却費12,000,000円
＝20,680,000円
４年度末：税引後利益7,420,000円＋減価償却費12,000,000円
＝19,420,000円
５年度末：税引後利益4,900,000円＋減価償却費12,000,000円
＋設備売却益5,000,000円－税金0.3×5,000,000円
＋運転資本2,000,000円＝22,400,000円

なお，毎期の営業から得られるキャッシュ・フローは次の式でも求めることができる。

キャッシュ・フロー＝（１－税率）×（現金収入－現金支出費用）＋税率
×減価償却費

この方法でキャッシュ・フローを計算すると，次のようになる。

１年度末：(1－0.3)×(3,000円／個×20,000個－1,200円／個×20,000個
－8,000,000円)＋0.3×12,000,000円＝23,200,000円
２年度末：(1－0.3)×(3,000円／個×20,000個－1,200円／個×20,000個
－8,000,000円)＋0.3×12,000,000円＝23,200,000円
３年度末：(1－0.3)×(3,000円／個×18,000個－1,200円／個×18,000個
－8,000,000円)＋0.3×12,000,000円＝20,680,000円
４年度末：(1－0.3)×(3,000円／個×17,000個－1,200円／個×17,000個
－8,000,000円)＋0.3×12,000,000円＝19,420,000円
５年度末：(1－0.3)×(3,000円／個×15,000個－1,200円／個×15,000個
－8,000,000円)＋0.3×12,000,000円＋設備売却益5,000,000円
－税金0.3×5,000,000円＋運転資本2,000,000円＝22,400,000
円

なお，税率×減価償却費をタックス・シールドという。

（４）（３）のキャッシュ・フローを資本コスト５％で割り引いて合計し，初期投資額（設備の取得原価と運転資本）を控除して正味現在価値を求める。

23,200,000円×0.9524＋23,200,000円×0.907＋20,680,000円×0.8638
＋19,420,000円×0.8227＋22,400,000円×0.7835－(60,000,000円
＋2,000,000円)＝32,528,698円

正味現在価値が32,528,698円であるので，この投資案は採用すべきである。

第2問

（1） 製品別の単位当たり貢献利益は以下のとおりである（単位：円）。

	X	Y	Z
販売単価	2,600	1,150	6,500
直接材料費	400	200	4,100
直接労務費	1,600	800	2,100
単位当たり貢献利益	600	150	300

（2） 部品Ｘを1,000個製造すると，2,000時間の直接作業時間を消費する。したがって，部品事業部では6,000時間－2,000時間＝4,000時間を部品Ｙの製造販売にあてる。したがって，部品Ｙの生産販売個数は１個／時間×4,000時間＝4,000個である。

貢献利益の総額は，部品Ｘの貢献利益600円／個×1,000個＋部品Ｙの貢献利益150円／個×4,000個＋製品Ｚの貢献利益300円／個×500個＝1,350,000円

（3） 部品Ｘを部品Ｐの代替にした場合，部品事業部は部品Ｘを1,500個生産することになる。２時間／個×1,500個＝3,000時間の直接作業時間を部品Ｘが消費する。したがって，残りの3,000時間で部品Ｙを3,000個製造する。

製品Ｚの単位当たり貢献利益は，売価6,500円／個－(部品Ｘの単位原価2,000円／個＋その他の直接材料費1,000円／個＋直接労務費700円／時間×４時間)＝700円／個となる。部品Ｘを振り替えた場合には単位当たり１時間分の直接労務費が増加することに注意する。

このときの貢献利益の総額は，600円／個×1,000個＋150円／個×3,000個＋700円／個×500個＝1,400,000円となる。

（4） 原価基準で内部振替価格を設定した場合，常に供給事業部の利益がゼロになるので，供給事業部の業績を評価することができない。

（5） 部品Ｘを１単位生産するごとに２時間の労働時間を消費する。その

ため，部品Xを１単位製品事業部に振り替えるために増産するごとに，部品Y２単位の製造と販売を断念することになる。したがって，部品Xを１単位製品事業部に振り替えることによって部品事業部が失う利益は，部品Y２単位分の貢献利益，すなわち150円／個×２個＝300円である。

（6）

部品事業部の損益計算書　（単位：円）

	部品X	部品Y	合計
売上高			
O製作所	2,600,000		
内部振替	1,150,000		
外部市場		3,450,000	7,200,000
直接材料費	600,000	600,000	1,200,000
直接労務費	2,400,000	2,400,000	4,800,000
貢献利益	750,000	450,000	1,200,000

製品事業部の損益計算書（単位：円）

	製品Z
売上高	3,250,000
内部振替	1,150,000
直接材料費	500,000
直接労務費	1,400,000
貢献利益	200,000

部品Xについて，単位当たりの振替価格は，直接材料費400円／個＋直接労務費1,600円／個＋製品事業部へ部品Xを振り替えることによって生じる機会原価300円／個＝2,300円／個である。したがって，2,300円／個×500個＝1,150,000円が部品事業部の売上高の一部となり，同時に製品事業部の原価の一部となる。製品事業部の直接労務費は，部品Xを受け入れると単位当たり１時間増加するので，700円／時間×４時間／個×500個＝1,400,000円となることに注意すること。

＜監修者紹介＞

奥村　雅史（おくむら・まさし）

早稲田大学教授　博士（商学）（早稲田大学）
全国経理教育協会 簿記能力検定試験上級審査会委員
早稲田大学大学院商学研究科博士後期課程単位取得。早稲田大学助手，福島大学助教授，名古屋市立大学助教授等を経て現職。現在，日本経済会計学会会長，日本会計研究学会理事を務める。主要著書に『利益情報の訂正と株式市場』（中央経済社），『デジタル技術の進展と会計情報』（編著，中央経済社），『会計不全―デジタライゼーションは会計をどう変えるか』（訳書，中央経済社），『全経簿記上級　原価計算・管理会計テキスト（第４版）』（共編著，中央経済社）などがある。

＜編著者紹介＞

高橋　賢（たかはし・まさる）

横浜国立大学大学院教授　博士（商学）（一橋大学）
全国経理教育協会 簿記能力検定試験上級審査会委員
一橋大学大学院商学研究科博士後期課程単位取得。千葉大学講師，助教授，横浜国立大学准教授等を経て現職。現在，日本原価計算研究学会理事を務める。主要著書に『直接原価計算論発達史』（中央経済社），『管理会計の再構築』（中央経済社），『テキスト原価会計（第２版）』（中央経済社），『全経簿記上級　原価計算・管理会計テキスト（第４版）』（共編著，中央経済社）などがある。

坂口　順也（さかぐち・じゅんや）

関西大学大学院教授　博士（経営学）（神戸大学）
全国経理教育協会 簿記能力検定試験上級審査会委員
神戸大学大学院経営学研究科博士後期課程修了。関東学園大学講師，助教授，関西大学大学院助教授，准教授，教授，名古屋大学大学院教授を経て現職。現在，日本管理会計学会理事を務める。主要著書に『組織間マネジメント・コントロール論』（中央経済社），『全経簿記上級　原価計算・管理会計テキスト（第４版）』（共編著，中央経済社）などがある。

全経簿記能力検定試験標準問題集　上級原価計算・管理会計

2024年５月20日　第１版第１刷発行

監　修	奥　村　雅　史
編著者	高　橋　　　賢 坂　口　順　也
発行者	山　本　　　継
発行所	㈱ 中 央 経 済 社
発売元	㈱中央経済グループ パ ブ リ ッ シ ン グ

〒101-0051　東京都千代田区神田神保町1-35
電話　03（3293）3371（編集代表）
03（3293）3381（営業代表）
https://www.chuokeizai.co.jp
印刷／昭和情報プロセス㈱
製本／㈲ 井 上 製 本 所

＊頁の「欠落」や「順序違い」などがありましたらお取り替えいたしますので発売元までご送付ください。（送料小社負担）

ISBN978-4-502-49381-2　C2334